Richard Hycner

ZWISCHEN MENSCHEN

D1674448

Zum Autor:

Dr. Richard Hycner ist Klinischer Psychologe in privater Praxis in Salona Beach, Kalifornien, und Co-Leiter des »Institute for Dialogical Psychotherapy« in San Diego. Er ist Dekan der »Professional School of Psychological Studies«, wo er Gestalttherapie und Existentialtherapie lehrt. Dr. Hycner ist Verfasser mehrerer Aufsätze im Bereich der Klinischen Psychologie und Phänomenologie und Co-Herausgeber des »Journal for Dialogical Psychotherapy«.

Richard Hycner

ZWISCHEN MENSCHEN

Ansätze zu einer Dialogischen Psychotherapie

Übertragung aus dem Amerikanischen

Irmgard Hölscher

EDITION HUMANISTISCHE PSYCHOLOGIE
— 1989 —

© 1989 Edition Humanistische Psychologie im Internationalen Institut zur Förderung der Humanistischen Psychologie, Spichernstraße 2, 5000 Köln 1

Übertragung aus dem Amerikanischen:
Irmgard Hölscher

Lektorat:
Christoph J. Schmidt

Herausgeber:
Anna und Milan Sreckovic

Alle Rechte vorbehalten

Umschlagentwurf: Burkhard Müller
— unter Verwendung eines Bildes von Dieter Teusch

Vertrieb:
Moll & Eckhardt
Zülpicher Straße 174
5000 Köln 41

Satz:
HSH-Fotosatz GbR
Industriestr. 31
5138 Heinsberg

Gesamtherstellung:
Agentur Himmels, Industriestr. 31
5138 Heinsberg

ISBN 3-926176-09-1

Inhaltsverzeichnis

Danksagung

Ein Autor spricht nie mit nur einer Stimme. Die Stimmen derer, die ihm vorangingen, wie die der Menschen, die ihn mögen und die er mag, sind immer Teil seiner Sprache. Das gilt auch für dieses Buch. Es wäre nie zur Reife gelangt ohne die Gegenwärtigkeit und die Stimmen vieler Menschen. Manche haben durch ihre Schriften gesprochen, andere das Buch durch ihre lebendige Gegenwart bereichert. Ohne die unaufhörliche Unterstützung von *Dorothy Lujan* wäre dieses Buch nie vollendet worden. Sie war in den vielen schwierigen Phasen der Arbeit stets für mich da. Durch ihre Liebe und Unterstützung war es mir möglich, mich auf dieses anstrengende Vorhaben zu konzentrieren. Sie hat mich gelehrt, den inneren Zensor zum Schweigen zu bringen. Ihre redaktionellen Kommentare haben wesentlich zur Verbesserung der Lesbarkeit des Buches beigetragen.

Die Wurzeln dieser Arbeit reichen zurück ins Jahr 1969. Damals regte *Pater Charles Lehmkuhl* einen entmutigten Studenten im ersten Semester auf der Suche nach Sinn dazu an, *Martin Bubers* »Ich und Du« zu lesen. Seit dieser Zeit waren und sind Bubers Worte für mich eine Quelle der Inspiration. Diese frühe Saat ging später unter dem Einfluß und der Anleitung von *Maurice Friedman* auf. Ich werde nie vergessen, mit wieviel Großzügigkeit er mir im ersten Jahr meines Promotionsstudiums seine Zeit zur Verfügung stellte, um mit mir über ein Dissertationsthema zu sprechen, das nicht einmal im Keim vorhanden war. Oberflächlich betrachtet, sprachen wir über den Vorschlag für eine Dissertation, aber im Grunde sprachen wir, wie wir beide wußten, über mein Leben. In seinen Vorlesungen und Schriften schien es zum ersten Mal möglich, *Bubers* Philosophie des Dialogs insgesamt auf den Prozeß der Psychotherapie anzuwenden. Er war derjenige, der mich darauf hinwies, daß aus einigen Aufsätzen, an denen ich arbeitete, ein Buch werden könnte. Er hat mich unterstützt und in meinem Bemühen kontinuierlich beraten.

Anna und *Milan Sreckovic* traten in einer kritischen Phase der Arbeit in mein Leben. Sie waren der Ansicht, das Buch könne wirklich veröffentlicht werden, und sie stellten die Mittel dafür zur Verfügung. Diese Realität machte es mir möglich, mit der Arbeit fortzufahren. Ihre Freundschaft ist mir sehr wichtig.

Danken möchte ich den verschiedenen Lesern der vielen Entwürfe des Manuskripts in den frühen wie in den späteren Fassungen. Für die letzte Zeit möchte ich besonders *Charlie Brice* nennen. Sein Personsein, seine liebevolle Kritik und intellektuelle Redlichkeit haben das Buch wesentlich lesbarer gemacht. Er hat mir gezeigt, daß Schreiben eine Kunst ist. Ich möchte auch *Missy Simpson* für unsere wöchentlichen, hilfreichen und anregenden Zusammenkünfte danken. Sie las und kommentierte mehrere Kapitel des Buches mit ungeheurer Geduld. *Chris Downing* hat sich zu Anfang trotz ihres eigenen, engen schriftstellerischen Terminplans die Zeit genommen, die ersten Entwürfe zu lesen und zu kommentieren. *Jim DeLeo*, wie ich einer der Direktoren des »Institute for Dialogical Psychotherapy«, hat mir Unterstützung vermittelt durch seine Gegenwärtigkeit, die anregenden Gespräche mit ihm und durch seinen Glauben an diesen Ansatz.

Danken möchte ich auch meinen Studenten, die mir in den letzten 12 Jahren mit Anstand zugehört und mich durch ihre positiven Reaktionen und Fragen zu neuen Gedanken angeregt haben. Auch meine Klienten haben mich wieder und wieder auf den tatsächlichen Prozeß der Therapie aufmerksam gemacht und mir viel darüber beigebracht.

Und ich möchte auch meinen Freunden danken, die ich in Zeiten intensiven Schreibens oft arg vernachlässigt habe. Ihre Nachsicht hat die Arbeit möglich gemacht. Ein Wort des Dankes noch an *Victoria Kuhl* für die Textverarbeitung, ihre Flexibilität und Geduld.

Und obwohl es ungewöhnlich sein mag, der Natur zu danken, muß ich sagen, daß diese Arbeit direkt von einem Fluß in Oregon inspiriert wurde, dessen Stimme zu mir sprach und spricht.

Ich bin mir der zahlreichen Mängel meiner Arbeit nur allzu bewußt. Trotz des Einflusses so vieler anderer liegt die Verantwortung dafür bei mir. Vielleicht ist es keine Ironie, daß ich erst kurz vor dem Abschluß des Schreibens endlich meine eigene Stimme gefunden habe.

Vorwort

Das Erscheinen dieses lange erwarteten Buches von *Richard Hycner* bedeutet für die Bewegung der Dialogischen Psychotherapie einen wichtigen Schritt nach vorne. Unter Dialogischer Psychotherapie verstehen wir eine Therapie, die auf die *Begegnung* zwischen dem Therapeuten und seinen Klienten in der Einzel- oder Familientherapie als dem wichtigsten Modus der Heilung zentriert ist, unabhängig von den angewandten Techniken wie Analyse, Psychodrama etc. Es handelt sich eher um eine therapeutische Grundhaltung als eine spezielle Schule der Psychotherapie, weil die Dialogische Psychotherapie nicht zu einer bestimmten Schule gehört und Repräsentanten und Pioniere in vielen der wichtigsten Psychotherapieschulen hat.

Das Buch beschreibt anschaulich und systematisch die Grundelemente der dialogischen Psychotherapie: das »Zwischen«, »Heilung aus der Begegnung«, die »Problematik der Gegenseitigkeit«, Bestätigung und Umfassung. Darüber hinaus integriert es in den späteren Kapiteln all diese Elemente sehr schön in *Martin Bubers* Ich-Du- und Ich-Es Beziehung, seiner chassidischen Lehre von der »Heilung des Alltäglichen«, *Leslie Farbers* Wille und Willkür und der Betonung der Gegenwärtigkeit, des Hier und Jetzt und den erweiterten Selbstbegriff der Gestalttherapie, mit Zen und der transpersonalen Psychologie. *Hycners* Kapitel »Dem Klienten in seiner Welt begegnen« fokussiert auf Heilung aus der Begegnung, Gegenwärtigkeit, phänomenologischem »Einklammern«, auf *Bubers* Betonung der Einzigartigkeit, der »Anderheit« und des »dynamischen Zentrums der Person« und auf den »Dialog der Prüfsteine«. *Hycner* wendet die Elemente der dialogischen Psychotherapie auch auf die therapeutische Praxis an und bringt die somatische Realität ein, die ihr zugrunde liegt, wobei er zumindest implizit *Bubers* Begriff des Unbewußten berührt, der der Aufteilung in Psychisches und Physisches vorausgeht. In seinem brillanten Abschlußkapitel über die »Weisheit des Widerstands« erweitert *Hycner* das gestalttherapeutische Konzept der Kreativität des Widerstands zu einem tieferen und konkreteren Verständnis der Beziehung von Widerstand und »Zwischen«, als es alle seine psychotherapeutischen Vorfahren bisher getan haben.

Insgesamt gesehen ist dieses Buch eine faszinierende Darstellung der Dialogischen Psychotherapie, die zeigt, daß die Bewegung mittlerweile zur Reife gekommen ist. Es wird gewiß bei Therapeuten und Angehörigen der helfenden Berufe auf ein großes Echo stoßen. *Richard Hycners* Buch ist eine wegweisende Leistung, in der Denken, Fühlen und Handeln, Theorie und Praxis, Wissenschaft, Beruf und Leben voll integriert sind.

Was *Hycners* Buch zu einem so wichtigen Schritt in der Entwicklung der Dialogischen Psychotherapie macht, ist die Tatsache, daß er auf den Grundlagen aufbaut, die ich in meinem Buch »Der heilende Dialog in der Psychotherapie« (1985/1987) gelegt habe, und sie wesentlich erweitert. Am wichtigsten ist dabei wohl, daß er im Gegensatz zu meinem Buch seine eigenen Gedanken als direktes Ergebnis seiner theoretischen und praktischen Erfahrung vorstellt, anstatt, wie in meinem Fall, den Dialog mit den vielen psychotherapeutischen Schulen, mit denen ich mich in meinen Forschungen auseinandergesetzt habe. *Dr. Hycner* greift ebenfalls fruchtbar auf *Martin Buber, Hans Trüb,* mich selbst und viele andere zurück. Aber sein wesentliches Anliegen ist die Vorstellung eigener Gedanken.

Vielleicht erhält unser Verständnis der Wichtigkeit des Buches eine tiefere Dimension, wenn wir es in den Kontext der Elemente der Dialogischen Psychotherapie stellen. Das erste dieser Elemente ist das, was *Martin Buber* das »Zwischen« genannt hat: die Anerkennung einer ontologischen Dimension in der Begegnung von Personen, oder das »Zwischenmenschliche«, die gewöhnlich übersehen wird, weil wir dazu neigen, unsere Existenz in Innen und Außen, subjektiv und objektiv aufzuteilen. Das zweite ist die Anerkennung des Dialogischen (»Alles wirkliche Leben ist Begegnung«) als das wesentliche Element menschlicher Existenz, in dem wir uns auf andere in ihrer Einzigartigkeit und Anderheit und nicht nur als Bestandteil unserer Erfahrung beziehen. Von diesem Standpunkt aus ist das Psychische nur die Begleitmelodie des Dialogischen, und nicht, wie so viele Psychologen, auch humanistisch orientierte, meinen, der Prüfstein der Realität selbst. Wie *Harry Guntrip* gesagt hat, beginnt sogar die Idee der »Objektbeziehungen« zu veralten, weil die Psychologie nirgends eine Terminologie für das entwickelt hat, was *Martin Buber* mit voller Gegenseitigkeit, Direktheit, Offenheit und Gegenwärtigkeit der Ich-Du-Beziehung meint. Das dritte Element ist die Anerkennung, daß der Ich-Du- wie der Ich-Es-Beziehung eine zwiefältige Bewegung zugrundeliegt, in Distanz zu treten und eine Beziehung einzugehen, die *Buber* zur Grundlage seiner philosophischen Anthropologie gemacht hat (»Das Wesen des Menschen«).

All das führt uns zum vierten Element, der Erkenntnis, daß der Grundbestandteil der Heilung, wenn es um die Frage der Wiederherstellung des abgestorbenen Personzentrums und nicht um »Reparaturen« geht, die »Heilung aus der Begegnung« (*Buber, Trüb*) ist. Jede Therapie beruht mehr oder weniger auf der Begegnung zwischen Therapeut und Klient(en), aber die Dialogische Therapie ist direkt auf die Heilung aus der Begegnung als zentrale anstatt als untergeordnete Basis der Therapie gegründet, und zwar durch das fünfte Element, die Auffassung des Unbewußten, wie *Buber* es sieht, als die Ganzheit der Person vor der Differenzierung und Elaboration in Psyche und Physis, Innen und Außen. Das gilt auch für Träume, die aus dieser Perspektive nie nur einfach Rohmaterial des Unbewußten sind, sondern im Augenblick der Erinnerung in den Dialog zwischen Therapeut und Klient und zwischen Klient und anderen eingetreten sind. Das Ergebnis dieses Ansatzes ist die Möglichkeit, in einen Dialog mit den Träumen selbst zu treten, wie mit anderen Personen oder Dingen, die uns begegnen.

Schuld wird entsprechend von diesem Standpunkt aus nicht als im Grunde innere oder rein neurotische betrachtet, sondern als ein Ereignis des »Zwischen«, als etwas, das aus der Krankheit zwischen Person und Person entsteht und nur durch die Beleuchtung der Schuld, ihr Beibehalten in dieser Beleuchtung und das Wiederherstellen der verletzten Ordnung des Seins durch eine aktive Hingabe geheilt werden kann. Das impliziert die Bewegung vom abgebrochenen zum wiederaufgenommenen Dialog.

Therapie beruht auch auf der Ich-Du-Beziehung, gekennzeichnet durch Offenheit, Gegenseitigkeit, Gegenwärtigkeit und Direktheit. Trotzdem kann sie nie wirklich gegenseitig sein. Es gibt gegenseitigen Kontakt, gegenseitiges Vertrauen und gegenseitige Beschäftigung mit einem gemeinsamen Problem, aber keine gegenseitige »Umfassung«. Der Therapeut kann und muß auch auf der Seite des Klienten stehen und, in einer bipolaren Beziehung, ganz konkret imaginieren, was der Klient denkt, fühlt und will. Aber er kann nicht erwarten oder fordern, daß der Klient solche »Umfassung« ihm gegenüber praktiziert. Trotzdem *gibt* es Gegenseitigkeit, wozu auch gehört, daß der Therapeut persönliche Erfahrungen mitteilt, wo das sinnvoll erscheint. Deswegen nenne ich dieses Element »die Problematik der Gegenseitigkeit«.

Die Umfassung selbst ist das achte Element der dialogischen Psychotherapie. Umfassung, oder das »Imaginieren des Wirklichen«, muß von der Empathie unterschieden werden, die sich an die andere Seite der Beziehung wendet und die eigene Seite draußen läßt, und von der Identifikation, die auf der eigenen Seite bleibt und nicht auf die andere Seite übergehen kann. Erst die beiden zusammen können das neunte Element schaffen — die Bestätigung in der Therapie, die entsteht, wenn der Therapeut die Entwertung durch die Familie und die Gemeinschaft ausgleichen kann, indem er den Klienten von innen heraus versteht und, wie *Trüb* vorschlägt, darüber hinausgeht zu der zweiten Stufe, wo die Gesellschaft vom Therapeuten fordert, den Klienten zu befähigen, wieder in den Dialog mit anderen einzutreten, von denen er abgeschnitten war.

Das 10. und letzte Element, der »Dialog der Prüfsteine«, umfaßt eigentlich alle anderen, insbesondere Umfassung und Bestätigung. Das ist es, was jeder gute Therapeut praktiziert, besonders ein dialogischer Therapeut wie *Richard Hycner*, wenn er durch seine größere Erfahrung mit der Umfassung und der Imagination des Wirklichen den Klienten befähigt, über die schreckliche Entscheidung hinauszugehen, entweder seinen eigenen Prüfsteinen der Realität treuzubleiben, aber dafür von der Gesellschaft abgeschnitten zu sein, oder die Beziehung zur Gemeinschaft aufzunehmen, aber dafür die eigenen Prüfsteine verleugnen zu müssen. Der Therapeut muß seinen Klienten helfen, ihre Prüfsteine der Realität in den Dialog mit anderen einzubringen, und das fängt in der Therapie selbst an.

Vorbemerkung der Herausgeber

All diese Elemente der Dialogischen Psychotherapie sind in *Richard Hycners* anregendem und gut geschriebenem Buch versammelt. Am Ende seines Aufsatzes »Heilung aus der Begegnung« sagt *Buber*: »Diesen Weg des erschreckten Innehaltens, des unerschrockenen Besinnens, des persönlichen Einsatzes, des Abwerfens der Sicherheiten, des rückhaltlosen Gegenübertretens, der Aufsprengung des Psychologismus, diesen Weg der Schau und der Wagnisse ist Hans Trüb gegangen... es werden gewiß die Nachfolgenden nicht ausbleiben... und werden weitergehen.« (1951) Solch ein Nachfolgender ist *Richard Hycner.*

Maurice Friedman

Der Autor legt Wert auf den Hinweis, daß er sich sehr wohl bewußt sei, dieses Buch in einer durchgehend »männlichen Sprache« geschrieben zu haben. So spricht er immer nur vom 'Therapeuten' bzw. vom 'Klienten', nie von der 'Therapeutin' oder der 'Klientin'.

Keinesfalls sei dies allerdings auf irgend eine »sexistische« oder »chauvinistische« Grundeinstellung zurückzuführen, sondern allein aus Gründen der Vereinfachung des Textes so gewählt. Sein Vorschlag, jeden zweiten Absatz aus Paritätsgründen in die weibliche Form zu bringen, wurde allerdings aus Gründen der textlichen Kontinuität verworfen. Wir bitten dafür um Verständnis.

Anna und Milan Sreckovic

Teil I

Der paradoxe Beruf

»Aber der besondere Beruf, um den es hier geht, ist unter allen der paradoxeste.«

Martin Buber[1]

1.

Einführung

»Alles wirkliche Leben ist Begegnung.«

Martin Buber[2]

Diese Arbeit beschäftigt sich mit einem psychotherapeutischen Ansatz, der in der Philosophie des Dialogs verankert ist — einer dialogischen Psychotherapie[3]. Der Versuch, eine dialogisch orientierte Psychotherapie zu formulieren, entstand aus der tiefen Überzeugung, daß die Einbettung von psychotherapeutischen Theorien, Methoden und »Ergebnissen« in eine umfassende Philosophie des Dialogs zu einem tieferen Verständnis von Psychotherapie, »Pathologie« und der menschlichen Existenz selbst führen kann. Obwohl viele Therapieansätze heute solch einen Ansatz implizit enthalten[4], wird er nirgendwo explizit als *Kontext* und *Fokus* der heilenden Wirkung gesehen.

In den letzten zwanzig Jahren wurden so viele psychotherapeutische Techniken entwickelt, daß sich jedes nur erdenkliche psychische Problem damit lösen lassen müßte. Und doch lassen sie uns unbefriedigt. Natürlich sind Techniken per se nichts Schlechtes; wir alle brauchen Techniken und technische Lösungen. Aber eine überbetonte Technikorientierung verstärkt gerade die Probleme, die sie zu lösen vorgibt. Techniken nehmen überhand, und der Mensch gerät aus dem Blick.

Die Erarbeitung neuer Techniken kann heute wohl kaum noch zu wesentlichen Fortschritten im therapeutischen Prozeß führen. Wir brauchen etwas anderes — etwas jenseits reiner Technik. Eine Technik muß in der *Beziehung* zwischen zwei Menschen verankert sein — im Zwischenmenschlichen[5]. Dieses Buch beschäftigt sich mit einer Psychotherapie des Zwischenmenschlichen.

Dialogische Therapie ist nicht an eine bestimmte therapeutische Schule, theoretische Ausrichtung oder Techniken gebunden. Ihr maßgebender Grundsatz besagt, daß jeder Ansatz, der Prozeß und das »Ziel« der Therapie in einer dialogischen Perspektive gegründet sein muß. »Ansatz« meint hier die generelle persönliche und philosophische Einstellung des Therapeuten zur psychotherapeutischen Bemühung; »Prozeß« bezieht sich auf die tatsächliche Interaktion *zwischen* Klient und Therapeut, und »Ziel« bezeichnet das Therapie-»Ergebnis«, d. h. die erweiterte Beziehungsfähigkeit des Klienten.

Der Begriff »dialogisch« bezieht sich nicht auf das »Sprechen« als solches, sondern vielmehr darauf, daß menschliche Existenz in ihrem tiefsten Wesen Beziehung ist. Im Gegensatz dazu sieht ein individualistisches Persönlichkeitsbild den Einzelnen als eigene »Entität« an und hält die Beziehungsebene für sekundär. Viele Menschen können heutzutage nur schwer begreifen, daß »Individualität« nur den einen Pol einer bipolaren Beziehungsrealität darstellt. Andererseits stellt der systemische Ansatz der Familientherapie die Einzigartigkeit des Individuums allzu sehr in den Hintergrund. Nötig ist ein Ansatz, der beides umfassen kann. Der dialogische Ansatz erfordert also einen *radikalen* Paradigmenwechsel von Modellen des psychisch isolierten »Selbst« oder von einem systemischen Ansatz hin zum Bereich des »Zwischenmenschlichen«.

Im 20. Jahrhundert war *Martin Buber*[6] der wichtigste Vertreter dieser Philosophie des Zwischenmenschlichen, — einer dialogischen Philosophie. *Buber* war Philosoph, Pädagoge und Humanist und hat den Zusammenbruch der Beziehungen in der modernen Zivilisation tief in sich selbst gespürt. Er spürte genau, daß die allzu technokratische moderne Gesellschaft zu einer größeren Distanz zwischen den Menschen führt. Diese technokratische Ausrichtung läßt die zentrale Dimension (den ontologischen Status) der Beziehungssphäre in unserem Leben verblassen. Diese Entwertung des Zwischenmenschlichen führt zu Isolation, Entfremdung und dem heute unvermeidbaren Narzißmus, zu einer Besessenheit vom »Selbst« — einer Überbewertung von Bewußtsein. Die Realität des anderen gerät durch diesen eingeschränkten Fokus aus dem Blickfeld. Das spiegelt sich in den heutzutage vorherrschenden Schwierigkeiten mit Nähe und Intimität. Beziehung wird einer Überbetonung von Getrenntheit untergeordnet, was nicht nur zu einer Spaltung *zwischen* Menschen, in unserer Beziehung zur Natur, sondern auch »*innerhalb*« unserer Psyche führt. Der dialogische Ansatz ist ein Versuch, diese Spaltungen zu heilen.

Die zwischenmenschliche Dimension manifestiert sich im Ereignis der Beziehung, im »Dialog« zwischen Mensch und Mensch. Für *Buber* findet sich die Bedeutung des Zwischenmenschlichen »... weder in einem der beiden Partner noch in beiden zusammen..., sondern nur in diesem ihrem leibhaften Zusammenspiel, diesem ihrem Zwischen« (*Buber* 1962, S. 212). Die Realität des Dialogs ist größer als die jedes *einzelnen* Beteiligten. Sie ist auch *mehr* als die Summe zweier Individuen. Beide Aspekte sind Teil eines größeren Bereichs — des Zwischenmenschlichen. Getrenntheit und Bezogenheit sind im Bereich des »Zwischen« beide umfaßt.

Die Veröffentlichung des bekanntesten Werkes von *M. Buber*, »Ich und Du« (1923), wurde zum Wendepunkt für das Verständnis des Beziehungscharakters der menschlichen Existenz. Das Dialogische findet im Bereich des »Zwischen« statt, gekennzeichnet von zwei Polaritäten: »Ich-Du« und »Ich-Es«. Diese spiegeln die zwei Grundhaltungen, die ein Mensch in der Beziehung zu anderen und zur Welt überhaupt einnehmen kann. Die Ich-Du-Beziehung ist die Haltung echten Interesses an dem Menschen, mit dem wir interagieren, *als Person*. Sie bedeutet, daß wir seine »Anderheit« schätzen. »Anderheit« meint die Erkenntnis der Einzigartigkeit und klaren Getrenntheit des anderen Menschen von uns selbst, ohne das Bezogensein und die Basis der gemeinsamen Menschlichkeit zu verschleiern. Diese Person ist nicht Mittel zum Zweck, sondern Selbstzweck, und wir erkennen, daß wir von diesem Menschen getrennt und zugleich ein Teil von ihm sind (ein Wortspiel im Englischen: *apart* = getrennt bzw. *a part* = ein Teil von).

Die Ich-Du-Beziehung setzt ein, wenn wir unser »Sein« dem Partner zuwenden. Wir können nur die *Möglichkeit«* einer »Ich-Du«-Begegnung vorbereiten, wir können sie nicht »bewirken«. »Das Du begegnet mir von Gnaden — durch Suchen wird es nicht gefunden« (*Buber*, 1923/1979, S. 15). Möglich wird sie durch »Gnade« und die Bereitschaft des anderen, eine solche Beziehung mit mir aufzunehmen. Wirklicher Dialog kann nur gegenseitig sein. Die Momente des »Ich-Du« lassen sich nicht festhalten. Wir müssen lernen, »... die Huld ihrer Ankünfte und... die Wehmut ihrer Abschiede« zu akzeptieren (*Buber* 1923/1974 S. 42).

Die Ich-Es-Beziehung dagegen entsteht, wenn der andere für uns im wesentlichen ein »Objekt«, hauptsächlich Mittel zu einem Zweck ist. Diese »Ich-Es-Haltung« ist oft mißverstanden worden. Zunächst einmal ist sie ein *notwendiger* Aspekt des menschlichen Lebens. Nicht die Existenz dieser Haltung ist »falsch«, sondern ihre überwältigende Vorherrschaft in der modernen technokratischen Gesellschaft. Jeder Mensch muß zu Zeiten objektivieren, um bestimmte Ziele zu erreichen. Auch die »Ich-Du-Begegnung muß später zu einer objektiven Tatsache verfallen. »Das aber ist die erhabene Schwermut unseres Loses, daß jedes Du in unserer Welt zum Es werden muß« (*Buber* 1923/1979 S. 20). Die Ich-Es-Haltung ist nur dann problematisch, wenn sie unsere Existenz beherrscht, wenn wir sie auch da einnehmen, wo eine *wirkliche Begegnung* zwischen Mensch und Mensch erforderlich ist. Die Gefahr besteht darin, nicht zu erkennen, wie ungeheuer einschränkend diese Haltung wird, wenn sie zu *dominieren* beginnt. Die Überbetonung von technischem Wissen und Materialismus am Ende des 20. Jahrhunderts ist aus dem Übergewicht der Ich-Es-Haltung erwachsen. Sie durchdringt das moderne Bewußtsein so gründlich, daß es manchmal schwer ist, innerlich zurückzutreten und etwas unmittelbar wahrzunehmen.

Die Begriffe »Ich-Du« und »Ich-Es« verweisen auf die Gegenseitigkeit unserer Beziehungsorientierung. Sie schaffen den Kontext für die Haltung, mit der andere uns begegnen. Echte Offenheit für andere führt meist zu einer offenen Reaktion. Wenn sich andere von uns als Objekt behandelt fühlen, werden auch sie uns in dieser Weise begegnen. Die Haltung, in der ich mit anderen umgehe, ist dieselbe, in der ich mit mir selbst umgehe. Wenn ich andere schätze, spiegelt sich darin die Wertschätzung der eigenen Person. Wenn ich andere zum Objekt mache, mache ich mich selbst zum Objekt.

Das menschliche Leben besteht aus *beidem*, aus Ich-Du- und aus Ich-Es-Beziehungen. Jede Interaktion weist, häufig gleichzeitig, beide Dimensionen auf. Wirklicher Dialog kann jedoch nur entstehen, wenn beide Beteiligten bereit sind, über die *reine* Ich-Es-Haltung hinauszugehen, das Anderssein des Anderen wahrhaft zu akzeptieren und *zu schätzen*. Das aber erfordert letztlich ein Überschreiten unserer Getrenntheit, d. h. die Bereitschaft, den Bereich des »Zwischen«, wie *Buber* ihn nennt, anzuerkennen und zu betreten.

Mit dem »Zwischen« meint Buber den Bereich, an dem wir alle teilhaben, wenn wir uns mit einem Menschen wirklich beschäftigen; damit überschreiten wir unsere normale Vorstellung von Identität. In seiner poetischen Sprache sagt Buber: »Jenseits des Subjektiven, diesseits des Objektiven, auf dem schmalen Grat, darauf Ich und Du sich begegnen, ist das Reich des Zwischen« (1962, S. 406). Das Zwischen ist kein objektiv-physikalisches oder subjektiv-psychologisches Phänomen, sondern ein ontologisches. Das Ontologische bezieht sich auf die grundlegenden Aspekte unserer Existenz — die »Gegebenheiten«[7] menschlicher Existenz.

So wie die Dimensionen des Ich-Es und des Ich-Du ist auch das »Zwischen« ein wesenhafter Bestandteil menschlicher Existenz. Es ist dieser verbal nicht faßbare Bereich, der größer ist als die Summe zweier oder mehrerer individueller Identitäten, der Punkt des Kontakts jenseits unserer individuellen Identität. Für *Buber* erfordert der ontologische Charakter der Existenz *beides*, Distanz *und* Beziehung (1965 b,

S. 61 f.). Das Zwischenmenschliche ist der Bereich, in dem wir sowohl getrennt als auch in Beziehung sind. Gesunde Existenz besteht in diesem immer veränderbaren rhythmischen Gleichgewicht von Getrenntheit und Bezogenheit.

Obwohl sich dieser Ansatz in jedem psychotherapeutischen Setting, z. B. in der Paar- oder Familientherapie, anwenden läßt, beschränke ich mich um der größeren Klarheit willen hier überwiegend auf die Therapeut-Klient-Beziehung in der Einzeltherapie. — Im folgenden ein kurzer Überblick über den Inhalt des Buches:

»Der paradoxe Beruf« beschäftigt sich mit dem grundlegenden, jeder psychotherapeutischen Bemühung inhärenten Paradox: dem Dilemma des Therapeuten, das häufig schwierige Gleichgewicht zwischen objektivem Wissen und subjektivem Gefühl zu finden. »Warum dialogische Therapie: Eine persönliche Odyssee« beschreibt meine eigene Entwicklung. Es ist eine persönliche Aussage, die aber vielleicht trotz des jeweils eigenen, individuellen Weges auch für andere wichtig sein mag.

Das vierte Kapitel: »Dialogische Therapie« ist in vieler Hinsicht das theoretische Kernstück des Buches. Es beschäftigt sich mit der Bedeutung der Ich-Du-Beziehung für die Therapie und mit den Themen, die aus dem dialogisch orientierten Ansatz erwachsen. »Definitionen und Überblick« gibt einen kurzen Überblick und definiert die Grundbegriffe, die der Leser zum Verständnis dieses Ansatzes braucht. »Die spirituelle Dimension der Psychotherapie« behandelt die transpersonalen Dimensionen einer ontologisch begründeten dialogischen Psychotherapie. »Das dialogische Prinzip in der Psychotherapie« untersucht psychotherapeutische Literatur, die eine dialogische Orientierung zwar impliziert, sie aber selten explizit benennt und schon gar nicht zum *Kontext* für die Psychotherapie macht.

Die drei letzten Kapitel beschäftigen sich mit der praktischen Umsetzung des dialogischen Ansatzes und beleuchten einige Aspekte des therapeutischen Prozesses. »Dem Klienten in seiner Welt begegnen« verweist auf die existentielle Bedeutung von Verständnis und Wertschätzung der »subjektiven« Erfahrung des Klienten für den dialogischen Ansatz: Es geht darum, die Welt aus dem Blickwinkel des Klienten und auf dem Hintergrund seiner einzigartigen, unwiederholbaren Entwicklung und emotionalen Erfahrungen zu sehen. »Das Problem *ist* die Antwort« sieht die diagnostischen Probleme als »Botschaft« der Existenz des Klienten an sich selbst und als Teil des unterbrochenen Dialogs mit anderen. Das letzte Kapitel: »Die Weisheit des Widerstands« betrachtet die positiven Aspekte des Widerstands für den Klienten und die Notwendigkeit, diese Aspekte zu dechiffrieren.

Dieses Buch soll Grundlagen schaffen. Sein wirklicher Wert kann nur in dem Dialog liegen, den es hoffentlich mit den Lesern beginnt, und in der Ermutigung, über das hier Gesagte hinauszugehen. Ich hoffe, daß die Stimme, die sich zögernd in diesem Buch artikuliert, eine antwortende Stimme hervorruft, daß »... wir ein Gespräch sind«.[8]

Anmerkungen

[1] *Buber* 1957, S. 93.

[2] *Buber*, 1954/1979, S. 15.

[3] Der Name »dialogische Psychotherapie« wurde offiziell meines Wissens das erste Mal um die Jahreswende 1983/84 als Bezeichnung für eine eigene psychotherapeutische Methode benutzt und zum Bestandteil der Bezeichnung des 1984 in San Diego, Cal., gegründeten »Institute for Existential-Dialogical Psychotherapy«. Der Name wurde später geändert in »Institute for Dialogical Psychotherapy«, um diesen eigenen Ansatz verstärkt zu betonen. Selbstverständlich gab es für diese Bezeichnung Vorgänger.
Hans Trüb (vgl. Kap. 5) bezeichnete diesen Ansatz als »Heilung durch Begegnung« (1952). Er sprach auch von einer »dialogischen Haltung« auf seiten des Therapeuten und einer »dialogisch-anthropologischen« Methode der Psychotherapie. *Martin Buber* hat in seiner Einleitung zu *Trübs* Buch dessen Anwendung seiner Philosophie des Dialogs auf die Psychotherapie als »Heilung durch Begegnung« zugestimmt.
Maurice Friedman hat sich ebenfalls auf einen »dialogischen Ansatz der Psychotherapie« bezogen (1975). Der zweite Teil seines Buches: »Der heilende Dialog in der Psychotherapie« (1985a) lautete ursprünglich: »Ansätze zu einer dialogischen Therapie«.
Der Begriff *»Kontextgebundene* Psychotherapie« beruht wohl auf denselben philosophischen Voraussetzungen, blieb aber meines Wissens überwiegend auf die Familientherapie beschränkt. Die Ähnlichkeiten dieser Methode wurden mir erst bewußt, als die Arbeit an diesem Buch fast abgeschlossen war.

4) vgl. Kap. 7.

5) Die Begriffe »zwischenmenschlich«, »dialogisch« und »zwischen« werden hier und im weiteren annähernd gleich verwendet.

6) Zu den Denkern, die Bubers Philosophie beeinflußt haben, vgl. »Nachwort: Die Geschichte des Dialogischen Prinzips«, in: *Buber*

7) *Yalom* (1980) definiert das Ontologische knapp: »Unter 'Gegebenheiten' der Existenz verstehe ich bestimmte grundlegende Dinge, intrinsische Eigenschaften, die Teil, und zwar unvermeidbar Teil der Existenz des Menschen in der Welt sind.« (S. 8).

8) Aus einem Gedicht von *Hölderlin*, zit. n. *Buber* 1967, S. 85.

2.

Der paradoxe Beruf

»Wo und wie soll aber der Ärmste (der Analytiker) sich jene ideale Eignung erwerben, die er in seinem Beruf brauchen wird?«

Sigmund Freud[1]

Es gibt wohl keinen Therapeuten, der nicht am Ende eines Arbeitstages die Paradoxien der einzelnen Sitzungen noch einmal vor seinem geistigen Auge ablaufen läßt und sich nach klaren Antworten sehnt, die es aber nicht gibt. Denn diese Paradoxien sind dem Beruf des Therapeuten inhärent, unabhängig von seiner theoretischen Ausrichtung.

Der Kern dieser Paradoxien besteht in der Notwendigkeit, eine Menge scheinbar gegensätzlicher Eigenschaften sorgfältig in einem einzelnen Menschen zu integrieren. Es ist das *Wesen* der therapeutischen Praxis, die Spannung entgegengesetzter Polaritäten ans Licht zu bringen — oft in einer Weise, die die eigenen Sensibilitäten auseinanderzureißen droht. Die Forderungen der völlig verschiedenen Bedürfnisse des Klienten scheinen endlos. Diese Spannung mag durch langjährige Erfahrung weniger schmerzhaft werden — gelöst wird sie *nie*. Der psychotherapeutische Beruf ist mit Paradoxien überfrachtet, und die Person des Therapeuten ist das lebende Schlachtfeld dafür.

Die ursprüngliche Paradoxie ist die stets gegenwärtige Spannung zwischen den »subjektiven« und »objektiven« Bereichen der Therapie. Der Heilungsprozeß braucht, ja *fordert* große persönliche Beteiligung auf seiten des Therapeuten, gleichzeitig aber die Aufrechterhaltung des entsprechenden Maßes an »Objektivität«. Diese entgegengesetzten Dimensionen manifestieren sich in allen Menschen, und der Wunsch, diesen Zwiespalt zu heilen, ist der Grund dafür, eine Psychotherapie zu beginnen[2]. Entscheidend ist die ausgeglichene Reaktion des Therapeuten.

Man braucht ungeheuer viel theoretisches Wissen, um die Disziplin und die notwendige »Objektivität« zu erreichen, die die Heilung fördert. Gleichzeitig muß aber dieses objektive Wissen immer in der subjektiven Erfahrung des Klienten und der subjektiven Bewußtheit des Therapeuten gründen[3]. Dies wird herkömmlich als die Spannung zwischen dem »nomothetischen« und dem »idiographischen« Wissen bezeichnet. Unser Beruf zeichnet sich aus durch ein beträchtliches Maß an *allgemeinem* Wissen über den Menschen bei gleichzeitiger Berücksichtigung der *einzigartigen* Erfahrung des Klienten. *Beides* ist wesentlich, wenn man die Erfahrungen eines anderen Menschen verstehen und sich in ihn einfühlen will, aber beide Arten des Wissens streiten sich um die Vorherrschaft. So muß immer wieder neu entschieden werden, welcher Bereich in der aktuellen Situation angebracht ist. Das ist ein Spiel mit Gewinnmöglichkeit und Verlustrisiko, aber gerade das macht die Lebendigkeit der Arbeit aus.

Der Therapeut verkörpert die Integration des Objektiven und Subjektiven. *Freud* hat von der Notwendigkeit einer »gleichschwebenden Aufmerksamkeit« gesprochen, die den Extremen, die in der Begegnung zweier Menschen normalerweise auftauchen, nicht unterworfen ist. *Buber* (1965 b, S. 171) meint wohl etwas Ähnliches, wenn er von der scheinbar widersprüchlichen Fähigkeit zur »entrückten Anwesenheit« spricht. Der Therapeut muß voll gegenwärtig sein und dabei gleichzeitig reflektieren können, was gerade auf der Erfahrungsebene geschieht. Der therapeutische Prozeß erfordert es, die »subjektiven« wie die »objektiven« Dimensionen des Seins meisterhaft zu verbinden.[4]

So entsteht ein neues Grund-Dilemma: Soll man Psychotherapie eher als Wissenschaft oder als Kunst betrachten? Die Wahl des Schwerpunkts beeinflußt die Ausbildung und damit die Werte, die durch diese Ausbildung transportiert werden. Das führt zu einem bedeutsamen Unterschied in der *Einstellung* zum Beruf. *Freud* z. B. legte wie viele seiner Nachfolger Wert darauf, die Psychoanalyse als Wissenschaft zu betrachten. »Nein, unsere Wissenschaft ist keine Illusion. Eine Illusion aber wäre es, zu glauben, daß wir anderswoher bekommen könnten, was sie uns nicht geben kann« (1927/1974, S. 189)[5]. Natürlich gibt es in der Psychologie und der psychotherapeutischen Theorie ein Wissensgebäude, das für die Arbeit mit Menschen unumgänglich notwendig ist. Wenn man aber auf den Klienten reagieren will, muß man dieses wissenschaftliche Gebäude, diese Fakten auf einen jeweils einzigartigen Menschen zuschneiden. Darin liegt vielleicht die größte Herausforderung dieses Berufes: Kunst und Wissenschaft der Psychotherapie gleichzeitig zu integrieren. Wird ein Aspekt vernachlässigt, dann immer zu Lasten des Klienten.

Ein weiteres Problem besteht in den anscheinend widersprüchlichen Belangen des beruflichen und persönlichen Bereichs. Das Selbst des Therapeuten ist wesentlicher Bestandteil des Prozesses. Wieweit soll man das Selbst und wieweit die berufliche Persona in der Therapie betonen? Wo fängt das Professionelle an und wo hört das Persönliche auf? Die größte und verlockendste Versuchung liegt in der Überbetonung der professionellen Haltung, damit die schwelenden Unsicherheiten verdeckt werden, die die eigene Person anzugreifen drohen. Selbstverständlich ist eine professionelle Persona notwendiger Teil des psychotherapeutischen Heilungsprozesses, aber sie ist nur die »Form«, durch die die Person des Therapeuten deutlich wird.

Die Disziplin der Psychotherapie stellt hohe Anforderungen an die *Person* des Therapeuten. Er wird ständig mit Dingen konfrontiert, denen er sich nicht stellen will. Ich sage meinen Studenten immer wieder, daß der nächste Klient sie genau mit dem Problem konfrontieren wird, das sie bei sich selbst vermeiden wollen. Letztlich gibt es in der Therapie kein Vermeiden. Man liegt unaufhörlich im Kampf mit seinen Schwächen und blinden Flecken.

Das ist paradox, denn der Therapeut muß andere mit Themen konfrontieren, die er für sich selbst nicht gelöst hat. In den letzten Jahren ist darüber unter dem Schlagwort der »hilflosen Helfer« viel diskutiert worden. Es sind eben gerade die eigenen, ungelösten Probleme, die für die Verletzlichkeiten des anderen sensibilisieren und die tiefe Empathie mit dem Elend des Klienten möglich machen. Aber auch hier ist kritische Einsicht gefragt, denn zu große eigene »Verletztheit« führt u. U. zu Abwehr und verhindert eine echte Begegnung. Gewiß können die »hilflosen Helfer« heilen, solange ihre Verletzungen nicht die Priorität in der Therapie bekommen und sich der Fokus nicht von der Heilung des Klienten auf die des Therapeuten verschiebt, was natürlich nicht Sinn einer Therapie sein kann. Aber als Nebenprodukt der Interaktion im »Zwischen« ist die eigene Heilung durchaus möglich. Die eigene Verletztheit in der Therapie ins Spiel zu bringen, sie aber dennoch nicht zum Fokus werden zu lassen, erfordert unablässiges Bemühen, und gerade dieses Bemühen führt zur Entwicklung des Selbst.

Dieses Bemühen ist deshalb so zentral, weil das Selbst des Therapeuten letztlich ein »Instrument« der Therapie ist. Dieses Instrument muß immer »gestimmt« sein, um auf die stets neuen Akkorde der menschlichen Begegnung reagieren zu können. Entscheidend für den Heilungsprozeß ist nicht die theoretische Orientierung, sondern die Ganzheit und Verfügbarkeit der Person. Nur darüber ist die Begegnung zwischen zwei Menschen möglich, die bei dem Klienten zu einer Ganzheit führen kann, die vorher nicht vorhanden war.

Weiter gibt es den Gegensatz zwischen der *individuellen* subjektiven Erfahrung des Therapeuten und seinen *Beziehungs*fähigkeiten. Er muß die Erfahrungen des Klienten verstehen und gleichzeitig mit seiner eigenen Erfahrung in Kontakt bleiben. Die Entscheidung für den richtigen Fokus ist eine äußerst schwierige Aufgabe. Man muß also einerseits introvertiert genug sein, um eine hochentwickelte Selbst-Bewußtheit aufbauen und genügend Einsicht in die jeweiligen Interaktionen aufbringen zu können, gleichzeitig aber auch extravertiert genug, um sich leicht auf andere Menschen beziehen und auf einen großen Methodenvorrat zurückgreifen zu können.

Außerdem muß er sehr bewußt erleben, was *zwischen* ihm und dem Klienten geschieht. Das schließt die Einsicht in den Beitrag beider zu der Bindung oder dem Mangel an Bindung in der Beziehung ein. Man muß das »Zwischen« als mehr als die Summe der beteiligten Individuen sehen. Das bedeutet z. B., sich der Übertragungsthemen bewußt zu sein und gleichzeitig die stets vorhandene Gefahr zu berücksichtigen, daß der Therapeut die Gegenübertragungsgefühle auf den Klienten »projiziert«. Dasselbe gilt für das Erkennen des Widerstands. Es ist verblüffend schwer herauszufinden, ob das Geschehen im »Zwischen« eher vom Widerstand des Klienten oder vom Widerstand des Therapeuten bestimmt wird.

Eine andere Paradoxie ist die Notwendigkeit, sich einerseits das Geschehen in der Therapie stets bewußt zu machen, andererseits aber zu sehen, daß das Bewußtsein immer vom Unbewußten durchdrungen ist. Das erfordert häufig ein prekäres Lavieren auf dem schmalen Grat zwischen Bewußtem und Unbewußtem. Polarisierung ist gefährlich, weil beides wesentlich zum Verständnis der menschlichen Begegnung gehört. Der zu »bewußte« Therapeut schließt die tiefere Welt aus, die an den Grenzen des Bewußtseins angesiedelt ist, während die zu starke Konzentration auf die eigenen unbewußten Prozesse zwar eine Verbindung zum Klienten auf der Ebene des kollektiven Unbewußten, der »Archetypen« herstellt, aber keine Begegnung zweier Personen ermöglicht.

Man braucht viel Disziplin und ein starkes »Ich«, um sein Können zu vervollkommnen, muß aber gleichzeitig oft eher ein »Instrument« im Dienste des psychotherapeutischen Prozesses und der Entwicklung des Klienten sein können. Der Ausgleich dieser entgegengesetzten Tendenzen im Prozeß ist nicht immer leicht, denn »Ich sein« und »im Dienst stehen« verlangen offenbar zwei verschiedene Einstellungen, nicht nur zum therapeutischen Prozeß, sondern zum Leben. Dazu kommt, daß der Therapeut häufig verleugnete Persönlichkeitsaspekte des Klienten repräsentiert. Das ist ein integraler Aspekt der Dialektik[6] und des Dialogs im »Zwischen«: Ist der Klient zu gefühlsorientiert, muß der Therapeut die verleugnete rationale Seite verkörpern und umgekehrt. Es ist oft schwer zu erkennen, welche Anteile der Therapeut für den Klient repräsentiert und welche zu seinem »Wesen« gehören. Aber gerade das Bemühen um die Klärung dieser Bereiche erweitert das Selbst der Beteiligten und stärkt die therapeutische Beziehung.

Die tiefe Empathie mit dem Klienten, die Fähigkeit, die Welt aus seiner Perspektive zu erleben, kontrastiert mit der gleichzeitig vorhandenen Notwendigkeit, seine Erfahrungen in ein rationales Theoriesystem einzuordnen. Jeder Mensch will aus »Un-Sinn« Sinn machen, Ordnung aus dem Chaos schaffen. Dieses Bedürfnis ist für den Therapeuten in der Praxis unabdingbare Voraussetzung und entzündet seine berufliche Neugier. Die Motivation für die Empathie hingegen besteht in dem mitmenschlichen »Zusammengehörigkeitsgefühl«.

Auch in der Spannung zwischen Theorie und Praxis, die der Psychologie eigen ist, liegt eine Paradoxie. Denn ein zu theoretisch orientierter Therapeut kann sein Wissen nicht anwenden. Es gibt zwei Arten des »Denkens«: Die eine kann Fakten aufnehmen, die andere die Gegenwart eines anderen Menschen[7]. Es ist eine ganz besondere Gabe, an der Grenze menschlicher Bezogenheit Kontakt aufnehmen und das Geschenk des anderen mit dem eigenen Wesen annehmen zu können, die dem sprudelnden Wesensquell des Klienten zum Durchbruch verhilft. Bei zu einseitiger Praxisorientierung hingegen fehlt die Möglichkeit der Vertiefung, die die Theorie für die jeweilige Situation bietet[8]. Das hat schwerwiegende Konsequenzen für die Qualität des Kontakts und der therapeutischen Beziehung. Man muß sehr genau unterscheiden zwischen dem theoretischen Wissen *über* einen Gegenstand, der Anwendung dieses Wissens auf eine konkrete Situation und der Notwendigkeit, beides zu verbinden.

Erforderlich ist weiterhin ein gesunder Menschenverstand und zugleich eine philosophische Neigung, denn der Therapeut muß auf konkrete Situationen reagieren wie auch das umfassendere Drama des Menschen achten können. Das ist besonders wichtig bei der Unterscheidung zwischen dem, was als »pathologisches« Verhalten oder als

Konsequenz der existentiellen »Gegebenheiten« des Lebens anzusehen ist. Dieses Oszillieren des Bewußtseins braucht ungeheure Flexibilität — das Bewußtsein muß »fließen« können und nicht von einem festen Punkt zum anderen springen. So etwas kann man niemandem beibringen, das entsteht nur durch jahrelange Praxis, jahrelange Anstöße durch die unterschiedlichen »Anrufungen« des Klienten.

Man braucht außerdem ein umfassendes Verständnis des gesunden Verhaltens sowie der Fakten und Theorien zur »Psychopathologie«, muß Gesundheit, »Krankheit« und die oft widersprüchliche Mischung von beidem, die den Menschen *ausmacht*, erkennen und einschätzen können. Bei der schwierigen Entscheidung, was gesund und was krank ist, bewegt man sich auf einem schmalen Grat. Wann ist z. B. die Abhängigkeit eines Klienten ein Zeichen für gesundes Vertrauen, wann Regression und Vermeidung der eigenen Verantwortung? Wenn man Menschen *nur* als »krank« diagnostiziert, macht man sie zum Objekt. Selbstverständlich ist die Theorie der Psychopathologie nicht falsch, aber man sollte sie als eine Art »Kurzschrift« betrachten, d. h. sie zeigt an, wie man die abweichenden Erfahrungen dieser Menschen verstehen kann. Falsch ist allerdings die Behauptung, die Krankheit mache den ganzen Menschen aus. Diese Kategorisierung verhindert die notwendige Offenheit für neue Möglichkeiten, also die Basis allen Heilens.

Dies sind nur einige der zahllosen Paradoxien, mit denen man in der therapeutischen Arbeit konfrontiert ist, und es tauchen immer wieder neue auf. Ich habe mich hier nur bemüht, die wichtigsten zu nennen.

Schon *Freud* hat bezweifelt, daß ein einzelner Mensch all die paradoxen Eigenschaften des Berufs integrieren und dabei psychisch gesund bleiben könnte. Dafür bräuchte man einen vollkommenen Menschen:

> »Daß der zukünftige Analytiker ein vollkommener Mensch sei, ehe er sich mit der Analyse beschäftigt hat, also daß nur Personen von so hoher und seltener Vollendung sich diesem Beruf zu-

wenden, kann man offenbar nicht verlangen. Wo und wie soll aber der Ärmste sich jene ideale Eignung erwerben, die er in seinem Berufe brauchen wird?« (*S. Freud* 1937/1975, S. 388)

Diese Frage muß sich jeder Therapeut und jeder Supervisor stellen. *Freuds* Antwort ist klar: »Die Antwort wird lauten: in der Eigenanalyse, mit der seine Vorbereitung auf seine zukünftige Tätigkeit beginnt« (ebenda).

Die Lehranalyse oder -therapie ist sicherlich notwendig, reicht aber allein nicht aus, weil sie die philosophische und persönliche Entwicklung und Reife keineswegs garantieren kann, die für den riskanten beruflichen Balanceakt der Psychotherapie nötig ist. Man braucht darüber hinaus eine Einstellung, eine Weltsicht, die die nötigen entgegengesetzten Eigenschaften anerkennt und sich um deren Integration bemüht, zugleich aber akzeptiert, daß man dieses Ziel nie voll erreicht, und damit die eigenen Grenzen anerkennt. Der Therapeut muß letztlich mit der Ambivalenz und der permanent unfertigen Natur seiner Arbeit leben.[9] Die Psychotherapie ist von den Gesetzen, die alle menschlichen Bestrebungen, insbesondere die unvollkommene Natur der menschlichen Existenz, bestimmen, keineswegs ausgenommen. Schon *Freud* hat Therapie gleichzeitig als endlich und unendlich gesehen. Am Ende bleiben mehr Fragen als Antworten, mehr Probleme als Klarheiten, mehr Verwunderung als Eindeutigkeit, mehr Banalitäten als tiefe Einsichten. Das ist das Los des Therapeuten: eine Lanze zu brechen für den Kampf des Menschen um die Erweiterung der Grenzen des menschlichen Bewußtseins.

Die Krise des Psychotherapeuten[10]

Martin Buber hat sich umfassend mit dem Wesen der Spannung von Objektivität und Subjektivität befaßt, vor allem in seiner Einleitung[11] zu *Hans Trübs* Buch »Heilung durch Begegnung«[12]. Der

Therapeut gewinnt durch die Ausbildung und die notwendige Disziplin der Methode die für den Beruf zweifellos notwendige Objektivität. Aber nach und nach spürt er, ohne genaues Wissen um das Wesen der Paradoxie, deren Konturen und zunehmende Macht. Nur langsam wird ihm bewußt, daß die Paradoxie im Kern des therapeutischen Prozesses liegt.

> »Aber der besondere Beruf, um den es hier geht, ist unter allen der paradoxeste... Gewiß, auch der Anwalt, der Lehrer, der Priester, und nicht minder der Arzt des Leibes, jeder von ihnen bekommt, wofern ihm ein echtes Gewissen seines Berufs zuteil geworden ist, je und je zu spüren, was es heißt, sich der Nöte und Bangnisse des Menschen und nicht bloß, wie die Träger 'nicht geistiger' Berufe, der Befriedigung seiner Bedürfnisse anzunehmen. Aber dieser hier, der 'Psychotherapeut', dem es aufgetragen ist, Warter und Heiler kranker Seelen zu sein, begegnet jeweils der nackten Abgründigkeit des Menschen, seiner abgründigen Labilität...« (*Buber* 1957a, S. 139f).

Wer mit der »nackten Abgründigkeit des Menschen« konfrontiert ist, kann nicht lange in diesen »Abgrund« schauen, ohne sich davon überwältigt zu fühlen. Die Stützpfeiler der Existenz kommen ins Wanken. Folglich entsteht das Bedürfnis, bei der Sicherheit Schutz zu suchen, die ein objektives Wissen zu versprechen scheint. Die Versuchung durch diese Sicherheit ist gewiß verständlich. Aber es ist ein *falsches Versprechen*.

Psychotherapie ist ein »spiritueller« Beruf, dem aber die gesellschaftlichen Strukturen fehlen, auf die sich Schamanen oder Priester emotional stützen können. Der Therapeut trägt seine gottähnliche Verantwortung ohne die emotionale Unterstützung durch ein religiöses Glaubenssystem. Seine Mängel sind die eines bloßen Menschen, ohne die Inspiration, die die Religion den heilenden Bemühungen geben könnte. Der Psychotherapeut begegnet dem Abgrund des Menschen »nicht wie der Priester mit heiligem Gnadengut oder doch heiligem Wortgut ausgerüstet, sondern als bloße Person, über nichts anderes verfügend als über die Tradition seiner Wissenschaft und die Theorie seiner Schule« (*Buber* 1965, S. 140). In Abwesenheit göttlicher Inspiration und Sicherheit und angesichts der ehrfurchtgebietenden Aufgabe, die die Fähigkeiten eines Sterblichen zu übersteigen scheint, ist die Versuchung groß, sich auf die andere Seite zu schlagen und sich in den quasi »religiösen« Glauben an Wissenschaft und Objektivität zu flüchten. »Es ist verständlich genug, daß er den ihn antretenden Abgrund zu objektivieren und den tobenden Nichts-als-Prozeß in ein einigermaßen handhabbares Ding umzuwandeln bestrebt ist« (*Buber* 1965, S. 140).

So machen wir den anderen also zum »Es«, damit wir mit unserer eigenen Angst besser umgehen können. Der Abgrund, der im Kern aller menschlichen Existenz gegenwärtig ist, aber besonders deutlich in den sogenannten psychopathologischen Zuständen, droht den tief verborgenen eigenen Abgrund anzusprechen, verborgen hinter der Sicherheit durch die notwendige jahrelange Ausbildung und die jeweils eigene theoretische Orientierung. Dies alles aber kann die existentielle Tatsache unserer Zerbrechlichkeit, Unsicherheit und Angst, daß in uns ein Chaos lauert, nicht beseitigen — ein Chaos, das durch die »Zugkraft« des pathologischen Zustands der uns anvertrauten Person hervortreten kann.

Der Abgrund ist erschreckend genug, wenn er in anderen sichtbar wird. Die beginnende Ahnung, daß im Zentrum der eigenen Existenz ebenfalls ein solcher Abgrund liegt, ist fürchterlich. Es ist notwendig und richtig, diesen Schrecken zunächst abzuwehren. Die schließlich notwendige Konfrontation wird eher zögernd, allmählich verlaufen, so weit eben, wie der Mensch in den Abgrund blicken kann, ohne seine psychische Gesundheit zu gefährden. Zumindest bis dahin ist der Therapeut versucht, sich auf eine Art reduktionistischer Rechtfertigung dieses existentiellen Abgrunds, Chaos und »Nichts-als-Prozeß« zurückzuziehen. Zunächst bietet sich als einzige, über die Ausbildung verfügbar gewordene Waffe die Objektivierung mit Hilfe ihrer Methoden und Theorien. Schon allein der Begriff »psychologisch« dient nur allzu leicht der reduktionistischen Abwehr der Realitäten des gelebten Lebens. Jede allzu bedrohliche Erfahrung läßt sich »psychologisch« weginterpretieren. Aber wenn man das eigene Personsein und das des Klienten wirklich schätzt, versagt schließlich auch dieses Mittel bei der Abwehr des fordernden Rufes einer größeren, stärkeren existentiellen Realität.

> »In Wahrheit ruft der Abgrund nicht die zuverlässig funktionierende Aktionssicherheit, sondern den Abgrund an, das heißt, die unter den durch Lehre und Übung errichteten Strukturen verborgene, die selber vom Chaos umwitterte, selber mit den Dämonien vertraute, aber mit der demütigen Macht des Ringens und Überwindens begnadete und immer neu so zu ringen und zu überwinden bereite Selbheit des Arztes. Aus dem Vernehmen dieses Anrufs bricht in dem exponiertesten der geistigen Berufe die Krisis seiner Paradoxie aus.« (*Buber* 1965, S. 141 f)

Im Verlauf der Arbeit spürt man allmählich, wenn auch zögernd und augenblicksweise, daß etwas viel Größeres als objektives Wissen und wissenschaftliche Distanz gefordert ist. Keine Methode kann dem Therapeuten den Weg zeigen, auf dem er zu einer Person wird, die die für eine wirkliche Heilung notwendigen Beziehungseigenschaften verkörpert. Die Ausbildung »verdammt« ihn dazu, in existentieller persönlicher Finsternis danach zu suchen; er spürt zwar die Notwendigkeit, seine Person einzubringen, weiß aber nicht, wie er das auf professionelle Weise erreichen soll. Diese Verwirrung zwingt ihn, über das Dilemma nachzudenken:

> »... der Träger eines ʼgeistigen Berufsʼ (muß) mitten in seiner Tätigkeit Mal um Mal innehalten, weil er der Paradoxie gewahr wird, die er betreibt... mit dem Einsatz der lebenden und leidenden Person (dringt er) zu größerer und wieder zu größerer

Klärung jener Paradoxie (vor). So wird und wächst ein geistiges Schicksal mit seiner eigentümlichen, zögernden, tastenden, tastend ringenden, schwerfällig überwindenden, überwiegend erliegenden, erliegend erleuchteten Produktivität.« (*Buber* 1965, S. 139)

Die Beschäftigung mit der Paradoxie ist zunächst verwirrend, aber die kontinuierliche Auseinandersetzung kann später vielleicht zu flüchtiger Erhellung führen.

Es macht die Krise der Paradoxie aus, daß die psychologischen Methoden nur bis zu einem gewissen Punkt nützlich sind. Vom Therapeuten ist *mehr* gefordert. Er versucht, mit seinen Klienten in der üblichen Weise zu arbeiten:

»Bis einer in einem bestimmten Fall, in bestimmten Fällen, über das, was er tut, erschrickt, weil ihn die Ahnung überkommt, daß, zumindest in solchen Fällen, aber letztlich vielleicht in allen, *etwas ganz anderes von ihm gefordert ist*, etwas der geläufigen Berufsökonomik Unangemessenes, ja die geregelte Berufsausübung zu gefährden Drohendes. Nämlich: daß er zunächst den Fall aus der methodengerechten Versachlichung ziehe und selber, aus der in langer Lehre und Übung errungenen und durch sie verbürgten professionellen Überlegenheit tretend, *in die elementare Situation zwischen einem anrufenden und einem angerufenen Menschen* eingehe.« (*Buber* 1965, S. 141, Hervorhebung von mir)

Es ist das »Zwischen«, das berücksichtigt werden muß. Die Objektivierung verhindert diese Berücksichtigung. Vielleicht ist es gerade der elementare Charakter der Situation, wogegen sich der Widerstand richtet. Es scheint zu banal, die therapeutische Situation auf so elementare Strukturen wie »ein anrufender« und »ein angerufener« Mensch zu »reduzieren«. Doch ist das nur ein Echo dessen, was ursprünglich durch das Universum schwingt: ein »*Ruf*« und eine *Ant-*

wort. Möglicherweise macht gerade dieses Elementare, diese »Primiti-vität«, vielleicht auch diese ursprüngliche Reinheit Angst und führt folglich zum Widerstand. Dies uneingeschränkt Elementare der menschlichen Begegnung macht es erforderlich, daß der Therapeut *zuerst* ein für andere zugänglicher Mensch und erst an *zweiter Stelle* eine in den therapeutischen Methoden versierte Fachkraft ist. Die the-rapeutische Methodik darf nicht dazu dienen, dem Abgrund auszu-weichen, der bedrohlich an der Schwelle wirklicher Begegnung lauert. Viel zu oft ziehen wir uns angesichts dieser Bedrohung zurück. Viel zu oft tun wir so, als sei das »Ziel« etwas anderes als wirkliche Begeg-nung oder als würde sie mehr von uns fordern, als wir geben können. Aber genau darin liegt das Risiko dieses Berufs. Wann wird *zuviel* von uns gefordert, so daß wir nicht mehr voll reagieren können?

> »Der Psychotherapeut wird, eben wenn und weil er Arzt ist, aus der Krisis in die Methodik zurückkehren, aber als ein Veränder-ter in eine veränderte; als einer nämlich, dem *die Notwendigkeit aufgegangen ist, daß echt personhafte Begegnungen* zwischen dem Hilfsbedürftigen und dem Helfer sich im Abgrund des Menschseins begeben, wird er zurückkehren in eine modifizier-te Methodik, in der, von dem in solchen Begegnungen Erfahre-nen aus, auch *das Ungewohnte, das den herrschenden Den-kungsweisen Widerstrebende und den stets erneuten person-haften Einsatz Heischende*, seinen Platz findet.« (*Buber* 1965, S. 142; Hervorhebungen von mir)

Man kehrt also nach der Konfrontation mit der inhärenten Parado-xie des Berufs zu der eigenen Methodik und Theorie zurück — aber verändert, geläutert durch das Feuer der Krise und mit der Bewußt-heit, daß *der Kern des Heilungsprozesses* die echte menschliche Be-gegnung ist. Offenheit für wirkliche Begegnung enthält immer die Be-reitschaft, dem Unerwarteten, dem existentiell Unbekannten zwischen Personen zu begegnen und die sichere Ebene der Methoden und Theo-rien zu verlassen. Dieser Ansatz verändert den Begriff der »Heilung«.

Eine »technische« Heilung ist nicht mehr akzeptabel. Eine Therapie, in der der Klient große psychologische Einsichten gewonnen hat, diese aber nicht in der »realen Welt« von Personen anzuwenden gelernt hat, hat versagt. Sie hat »kuriert«, nicht geheilt, und ist zum Nährboden für Narzißmus geworden.

> »Dem Psychotherapeuten, der die Krisis seiner Berufsparadoxie durchschritten hat, ist dieser Weg versperrt. Er hat in einer entscheidenden Stunde mitsamt dem ihm anvertrauten und ihm vertrauenden Kranken den geschlossenen Raum der Seelenbehandlung verlassen, darin der Analytiker kraft seiner systematischen und methodischen Überlegenheit waltet, und ist mit jenem an die Luft der Welt getreten, *wo Selbheit der Selbheit ausgesetzt ist.* Dort, in dem geschlossenen Raum, wo man die isolierte Psyche, der Neigung des in sich verkapselten Patienten gemäß, ergründet und verarztet, wird dieser in immer tieferen Schichten auf seine Innerlichkeit als auf seine eigentliche Welt verwiesen; hier draußen, in der Unmittelbarkeit des menschlichen Gegenüberseins, *muß und kann die Verkapselung durchbrochen*, und dem in seinem Verhältnis zur Anderheit — zur uneinseelbaren Anderwelt — Erkrankten muß und kann ein gewandeltes, ein geheiltes Verhältnis zu ihr eröffnet werden. *Nie ist eine Seele allein krank, immer auch ein Zwischenhaftes*, ein zwischen ihr und anderen Seienden Bestehendes. Der Psychotherapeut, der die Krise durchschritten hat, darf es nun wagen, daran zu rühren.« (*Buber* 1965, S. 144, Hervorhebung von mir)

Diese Verkapselung ist eine endemische Erfahrung unserer Zeit. Nur jemand, der sie durchbrochen hat und das Primat des »Zwischen« akzeptiert, kann auf die »Verkapselung des Selbst« hinweisen. Wir müssen immer unsere Beziehung und unsere Verantwortung für andere erkennen. Einsicht ist nur das Präludium für die Therapie; das Therapie-»Ergebnis« manifestiert sich erst, wenn man zur menschlichen Ordnung zurückgekehrt ist, in der Handeln die Theorie, Dialog die Rede ersetzt. Nach einer solchen Krise zeigt sich menschliche Begegnung in ihrer Unverhülltheit, die nicht nur zulässig ist, sondern verzweifelt erstrebt wird — »wo Selbheit der Selbheit ausgesetzt ist«. Jetzt ist der Therapeut nicht mehr »*innerhalb*« seiner selbst, sondern tritt, zumindest in Augenblicken der »Gnade«, in den Bereich des »*Zwischen*« ein, in einen Bereich jenseits der Verkapselung des Selbst, »wo es keinerlei Sicherheit eines aussagbaren Wissens gibt, aber die Gewißheit der Begegnung mit dem verhüllt Bleibenden« (*Buber*, Das Problem des Menschen, S. 384). So also sieht der »schmale Grat« aus, auf dem sich der Therapeut bewegt: auf beiden Seiten gähnt ein Abgrund, vor ihm liegt die Begegnung.

Bubers Bemerkungen zu *Hans Trüb* und seinem unvollendet gebliebenen Buch »Heilung durch Begegnung« können für alle Therapeuten, besonders für die dialogisch orientierten, von Bedeutung sein:

> »Diesen Weg des erschreckten Innehaltens, des unerschrockenen Besinnens, des persönlichen Einsatzes, des Abwerfens der Sicherheiten, des rückhaltlosen Gegenübertretens, der Aufsprengung des Psychologismus, diesen Weg der Schau und der Wagnisse ist Hans Trüb gegangen und hat von ihm immer wieder, nach immer neuem Ringen um das Wort für das Ungeläufige, immer reifere und zulänglichere Kunde gegeben, bis zur reifsten und zulänglichsten, dieser Schrift hier, die er nicht mehr vollendet hat. Sein Fuß ist erstarrt, aber die Bahn ist gebrochen. Es werden gewiß die Nachfolgenden nicht ausbleiben, die wie er sind, Wache und Kühne, die Berufsökonomik aufs Spiel Setzende, sich nicht Schonende und nicht Aufsparende, sich Dranwagende, und werden weitergehen.« (*Buber* 1965, S. 144 f)

Die Frage bleibt: »Sind wir weitergegangen?«

Anmerkungen

1) *Freud, Sigmund*, 1937, Die endliche und die unendliche Analyse, Stud. Ausg. Ergänzungsband, Frankfurt, Fischer Verlag 1975, S. 388.

2) Nicht selten ist der Grund für die Wahl des Therapeutenberufs die Möglichkeit, sich indirekt selbst zu heilen.

3) Vgl. dazu die Werke von *James F. T. Bugenthal*.

4) Ein etwas saloppes Bild dafür wäre der Versuch, mit mehreren Bällen zu jonglieren, Kaugummi zu kauen und einen Hürdenlauf zu absolvieren, *gleichzeitig wohlgemerkt*, und dabei ganz gelassen zu wirken.

5) Für *Freud* war die »Wissenschaft« der Psychoanalyse und speziell seine Sexualtheorie ein Religionsersatz. *Jung* (1962, S. 158) war davon überzeugt, daß die Sexualtheorie für *Freud* Ausdruck des Numinosen, der Wurzel religiöser Erfahrung, war.

6) Zur Definition des Begriffes »Dialektik« vgl. Kap. 6.

7) *Maslow, A.*, (1969), »Interpersonal (I-Thou) knowledge as a paradigm für science.«

8) Eine — respektlose — Formulierung für das Dilemma dieser entgegengesetzten Fähigkeiten findet sich in dem Sprichwort: »Die, die was können, tun's, die, die nichts können, werden Lehrer.« (Und vielleicht werden die, die *überhaupt* nichts können, Therapeuten…)

9) *Harry Stack Sullivan* hat einmal zynisch gesagt, daß die Therapie eher durch die beiderseitige Erschöpfung von Therapeut und Klient ihr Ende findet als durch das eindeutige Erreichen des Therapieziels!

10) Eine frühere Version dieses Kapitels wurde bereits in »Perspectives: The Journal of Dialogical Psychotherapy«, 1987, 1 (1), 1-8, veröffentlicht.

11) Diese Einführung wurde später in »Nachlese« unter dem Titel »Heilung durch Begegnung« veröffentlicht. Für die Erlaubnis, aus dieser Arbeit zu zitieren, danke ich Rafael Buber.

12) *Trübs* Beziehung zu *Buber* und seine Theorie wird ausführlich im 5. Kapitel und kurz im 7. Kapitel behandelt.

3.

Warum dialogische Therapie: eine persönliche Odyssee

»Der Bereich, in dem Menschen einander begegnen, ist ignoriert worden, weil er keine schlichte Kontinuität besitzt.«
Maurice Friedman [1]

Mein berufliches Leben als Psychotherapeut, Lehrer und Ausbilder war lange Zeit geprägt von einem beunruhigenden professionellen und persönlichen Dilemma. Obwohl ich mich mit vielen Theorien auseinandergesetzt hatte, konnte ich mich in keinem der therapeutischen Ansätze, mit denen ich vertraut war, wirklich »zu Hause« fühlen. Allen schien etwas Wesentliches zu fehlen, nämlich die Rolle, die der Dialog im menschlichen Leben spielt. Die meisten Theorien vernachlässigten meiner Meinung nach den *unerschöpflichen Reichtum* der therapeutischen Begegnung. Außerdem fand ich *keine* Theorie, die das »Innen« (den intrapsychischen Aspekt), das »Zwischen« (den interpersonalen Aspekt) und das »Jenseits« (den transpersonalen Aspekt) bei Klient und Therapeut angemessen integriert hätte. Mich hat besonders das »Zwischen«, die Interaktion zwischen Therapeut und Klient und die Interaktion des Klienten mit bedeutsamen Anderen, interessiert. Immer wieder habe ich in meiner Arbeit die Beziehungsebene als konkrete Basis für die Heilung und als Angelpunkt für das Geschehen »im« Klienten und »jenseits« der Interaktionen erfahren. Auf diesem Hintergrund habe ich dann begonnen, die Möglichkeiten einer »dialogischen Psychotherapie« zu erforschen.

Im folgenden möchte ich kurz einige Theorien vorstellen, die mich beeinflußt haben und beeinflussen, und untersuchen, inwiefern für mich (und vielleicht auch für andere) ihnen oft etwas Entscheidendes fehlt. Dabei handelt es sich keinesfalls um eine umfassende Darstellung oder Kritik, sondern um meine persönlichen Erfahrungen damit.

Die Schriften *Martin Bubers* haben mich bereits zu Anfang meines Studiums sehr beeindruckt. Seine Arbeit über die Ich-Du-und Ich-Es-Beziehung wühlten mich auf, und bis heute kann ich seine Beschreibung dieser Beziehungen nicht lesen, ohne davon berührt zu sein. Verglichen mit der seltenen Tiefe und Schärfe seiner Darstellung der menschlichen Erfahrung kamen mir die Psychologievorlesungen, die ich damals hörte, steril vor. Die dialogische Natur unserer Existenz ist sonst nirgends so schön erklärt worden wie in seinen Schriften. Ich brauchte lange, um zu begreifen, daß sich seine Aussagen keineswegs auf das Psychische beschränkten:

> »Demgemäß ist es auch von Grund auf irrig, die zwischenmenschlichen Phänomene als psychische verstehen zu wollen. Wenn etwa zwei Menschen ein Gespräch miteinander führen, so gehört zwar eminent dazu, was in des einen und des andern Seele vorgeht, was, wenn er zuhört, und was, wenn er selber zu sprechen sich anschickt. Dennoch ist dies nur die heimliche Begleitung zu dem Gespräch selbst, einem sinngeladenen phonetischen Ereignis, dessen Sinn weder in einem der beiden Partner noch in beiden zusammen sich findet, sondern nur in diesem ihrem leibhaften Zusammenspiel, diesem ihrem Zwischen.« (*Martin Buber* 1962, S. 272)

Im weiteren Verlauf meines Studiums wählte ich überwiegend existenzphilosophisch-phänomenologisch ausgerichtete Seminare, weil ich glaubte, darüber dem geheimnisvollen »Zwischen« näher zu kommen, das ich in menschlichen Interaktionen erlebte. Aber ein Großteil des existentialen und phänomenologischen Denkens bezog sich ausschließlich auf die Subjektivität des *Individuums*, und wo der phänomenologische Aspekt betont wurde, wurde das Individuum selbst zur Abstraktion.

Bei der Lektüre der europäischen Existentialpsychotherapeuten hat mich immer der abstruse, vage, esoterische und allzu kognitiv orientierte Stil gestört. In meinen Augen war diese Art zu schreiben ein Widerspruch zu den Theorien, die sie zu vertreten vorgaben. Das hohe Maß an Abstraktion konnte die Menschen mit ihren konkreten, leibhaftigen Belangen nicht wirklich ansprechen. Die sehr viel konkreteren Arbeiten von *Rollo May, James F. T. Bugenthal* und schließlich *Irvin Yalom* lernte ich erst später kennen.

Aber mir machte auch zu schaffen, daß es sich bei dem existentialen Ansatz eher um eine philosophische Theorie und weniger um ein psychotherapeutisches System handelte, obwohl es Ausnahmen gab. Diese philosophische Orientierung ließ häufig die *Konkretion* vermissen, nötig war die Ergänzung durch ein praktisches Verständnis des Behandlungsprozesses:

»... die gewundene, verschwommene Sprache der professionellen Existenzphilosophen übertrifft noch die der psychoanalytischen Theoretiker... Ich habe den Grund für die undurchdringliche, tiefsinnig wirkende Sprache nie begriffen. Die grundlegenden existentialen Begriffe selbst sind nicht komplex, man muß sie nicht so sehr dechiffrieren und peinlich genau analysieren als vielmehr aufdecken« (*Yalom* 1980, S. 16).

In dieser Zeit setzte ich mich auch mit dem Denken von *Maurice Merleau-Ponty* auseinander, dem Existential-Phänomenologen im wahrsten Sinne des Wortes. Seine Philosophie wußte trotz der umfassenden phänomenologischen Beschreibung um die zentrale Dimension der intersubjektiven Erfahrung. Für ihn ist unsere Existenz ein In-der-Welt-sein mit anderen. Das Individuum kann nicht aus dem intersubjektiven Kontext gelöst werden.

In seinen späteren Werken, insbesondere in »Das Sichtbare und das Unsichtbare« (1964) fokussiert er allerdings so stark auf die ontologischen Strukturen der Existenz, daß eine existentielle Besonderheit zu fehlen scheint; insbesondere die existentielle Betonung des Intersubjektiven scheint verwässert. Da das Buch aber erst posthum erschienen ist, kann man wohl davon ausgehen, daß sich *Merleau-Ponty* mit diesem Bereich weiter beschäftigt hätte, wenn er nicht so früh gestorben wäre. Sehr bedenkenswert sind aber seine Überlegungen zu der Möglichkeit einer ontologischen Psychoanalyse (1968, S. 270): der ebenso anregende wie kryptische Vorschlag, das Beste des psychoanalytischen Denkens zu übernehmen, es aber in einen ontologischen und intersubjektiven Kontext zu stellen.

Die Defizite eines Menschenbildes, das sich ausschließlich an innerpsychischen und medizinischen Kategorien orientiert, habe ich zu Beginn meiner psychotherapeutischen Laufbahn in einer psychoanalytisch ausgerichteten Tagesklinik aus erster Hand erfahren. Dieses Menschenbild ermöglichte kein *zwischenmenschliches* Verständnis von Symptomen und fokussierte auch nicht auf die therapeutische Begegnung, die höchstens als »Anhängsel« galt. Allmählich fiel mir auf, daß die traditionelle Psychoanalyse die innerpsychische Welt des Klienten überbetont und dabei häufig abwertende Deutungen zu machen scheint. Das Menschsein des Klienten verschwindet hinter den Einzelheiten des Innerpsychischen. Damit korrespondiert die »neutrale« Haltung des Analytikers, der als »leerer Spiegel« sein eigenes Menschsein so sehr in den Hintergrund treten läßt, daß die Interaktion mit dem Analysanden geschraubt und künstlich erscheint. Die Annahme, daß der Analytiker mehr über die innerpsychische Welt des Analysanden weiß als dieser selbst, führt zu einer unausgewogenen Interaktion.

Lange Zeit hat mich *Carl Rogers*, wenn auch indirekt, durch seinen klienten- und später personzentrierten Ansatz stark beeinflußt. Bei der Lektüre seines Buches »Entwicklung der Persönlichkeit« (1961/1973) schien mir, daß hier ein Psychologe endlich einmal wirklich über Menschen und menschliche Erfahrung spricht statt über objektive Theorien. Hier wurde die Person des Klienten und innerhalb der methodischen Grenzen auch des Therapeuten respektiert. Indirekt war der Einfluß, weil ich keine direkte Ausbildung in klientenzentrierter Therapie gemacht hatte, und trotz meiner überwiegend existentialen Orientierung bot mir erst dieser Ansatz eine spezifische Behandlungsform, die mir gelegentlich sehr half, das Erleben des Klienten zu verstehen und das Vertrauen aufzubauen, das eine Voraussetzung für die Beziehung zwischen Therapeut und Klient ist. Problematisch blieb in meinen Augen allerdings, daß durch die Überbetonung des getrennten »subjektiven« Erlebens des Klienten und später in der personenzentrierten Phase sogar des getrennten Erlebens des Therapeuten das »Zwischen« wieder einmal ignoriert wurde. Das Dialogische erschien gelegentlich als nachträglicher Gedanke bei der Begegnung zweier Individuen statt als Grundlage für das Verständnis menschlicher Existenz und in sich als ein angewandter Behandlungsansatz.

Die Gestalttherapie war dann ein gutes Korrektiv für die mangelnde Konkretheit des allgemeinen existentialen Ansatzes. Hier lag der Fokus auf der Konkretheit, auf spezifischen »Techniken« und sogar in gewissem Maße auf der Interaktion zwischen Therapeut und Klient. Den Schriften von Fritz Perls war ich schon früh begegnet, fand aber seine Arbeit *allzu* technisch, monologisch und manipulativ, so sehr, daß das Personsein des Klienten dabei verloren ging. Viel stärker beeinflußt hat mich die Arbeit von *Erving* und *Miriam Polster*; bei ihnen fand ich einen großen Respekt vor der Einzigartigkeit des Klienten ebenso wie der des Therapeuten, eine große Offenheit für alle möglichen Themen, die in der Therapiesituation behandelt werden konnten, und zudem eine hohe Spezifität und Konkretheit. Sie messen auch dem Interaktionsfluß zwischen Therapeut und Klient einige Bedeutung bei. Die Gestalttherapie war mir in der praktischen Arbeit von allen mir bekannten Theorien die hilfreichste. *Erving* und *Miriam Polster* haben mir gezeigt, daß Therapie in erster Linie ein *Ansatz* und keine Technik ist. Ihre Fähigkeit, den positiven Kern der Person aufzuspüren und dem Klienten zu helfen, seine Stärken zu erkennen, hat mich immer wieder beeindruckt. Die Persönlichkeit, Menschlichkeit und Kreativität dieser beiden meisterhaften Therapeuten bleibt für mich eine dauernde Quelle der Inspiration.

Aber selbst hier fehlte mir der radikale Wechsel in der *Theorie*, der Fokus auf dem Dialogischen bei der Entwicklung eines Menschen und im psychotherapeutischen Prozeß. Man könnte den Ansatz der *Polsters* als personzentrierte Gestalttherapie[2] bezeichnen. Ich hielt aber noch immer sowohl für die Theorie wie für die praktische Arbeit eine stärkere Betonung des »Zwischen« für nötig, und das würde ein *radikales Umdenken in Theorie und Praxis* erfordern.

Als Student hatte ich bei der Lektüre von *Martin Bubers* Schriften große Schwierigkeiten. Als ich zum ersten Mal »Ich und Du« zu lesen versuchte, verstand ich überhaupt nichts! Erst die Sekundärliteratur, vor allem die Arbeiten von *Maurice Friedman*, und später die Teilnahme an einem seiner Seminare zu *Bubers* Philosophie des Dialogs zeigten mir, daß es zu dem Objektivismus und Subjektivismus der modernen Psychologie eine Alternative gab: den Bereich des »Zwischen«.

Aber ich brauchte noch einmal 10 Jahre, bis mir die Möglichkeit, die Philosophie des Dialogs in die Praxis der Psychotherapie zu integrieren, wirklich klar wurde. Bis dahin hatte ich immer den Eindruck, es gebe eine Dichotomie zwischen der Philosophie und der konkreten Anwendung. Zwar wußte ich intuitiv, daß das nicht stimmen konnte, aber in der Praxis konnte ich diese Spaltung jahrelang nicht überwinden.

Bei der Arbeit an meiner Dissertation habe ich mich mit zahlreichen theoretischen Ansätzen auseinandergesetzt. Ich schätzte die »Reise des Selbst« und die »spirituelle« Dimension in der *Jung*schen Theorie, auch deren positive Betrachtungsweise des Individuums, und daß selbst »Krankheit« einen positiven Wert haben kann. Das schien mir ein echtes Korrektiv des traditionellen freudianischen Ansatzes zu sein. Auch die Betonung des »kollektiven Unbewußten«, das auf eine wichtige transpersonale Basis der menschlichen Existenz verweist, leuchtete mir ein. Andererseits führte aber die starke Betonung der Entfaltung des »Selbst« dazu, daß wiederum die dialogische Interaktion zwischen realen Menschen fehlte; die Symbole schienen häufig wichtiger zu sein als die Personen. Die Gefahr eines psychologischen Solipsismus schien mir bei diesem Ansatz viel zu groß, obwohl doch *Jung* selbst seine Schüler immer wieder auf die Bedeutung der therapeutischen Beziehung hingewiesen hat: »Die Analyse ist ein Dialog, zu dem zwei Partner gehören« (*Jung* 1962, S. 137).[3] Und es gibt ein (möglicherweise apokryphes) Zitat von ihm, das wohl jeder Meister-Therapeut über seine Schüler sagen würde: »Gott sein Dank bin ich kein Jungianer!«

Die Verhaltenstherapie, mit der ich mich auch beschäftigt habe, halte ich für zu mechanistisch und technologisch. Anscheinend kommt die Person des Therapeuten und die des Klienten darin überhaupt nicht vor. Obwohl ich wohl weiß, daß das in einem absoluten Sinne so nicht stimmt, so scheint doch eben dieses in Theorie und Praxis besonders hervorgehoben zu werden; auf dem Hintergrund der generellen technologischen Ausrichtung unserer Kultur halte ich das für ziemlich gefährlich. Trotzdem habe ich im Laufe der Jahre in manchen besonderen Situationen einen behavioristischen Ansatz angewandt. Im größeren Kontext des dialogischen Ansatzes können solche Techniken ganz hilfreich sein für die Änderung einzelner Verhaltensweisen oder bei der Arbeit mit bestimmten Menschen, die auf die Konkretheit dieses Ansatzes am besten reagieren. Aber man wird der Vielfalt menschlicher Interaktionen nicht gerecht, wenn man eine Technik in ein Therapiesystem verwandelt. Wenn Therapeuten oder Klienten eine therapeutische Technik mit einer Lebensphilosophie verwechseln, so tragen sie zu der Pathologie unserer Kultur bei, indem sie die mechanistischen Aspekte unserer Existenz überbetonen. Wie so viele andere Methoden ist die Verhaltenstherapie nur innerhalb bestimmter Grenzen hilfreich. Das Überschreiten dieser Grenzen erweist dem einzelnen wie der Gesellschaft einen schlechten Dienst.

Die kognitive Verhaltenstherapie geht zwar einen Schritt über die traditionelle mechanistische Verhaltenstherapie hinaus, indem sie die Denkprozesse des Klienten einbezieht. Man hat schließlich in der behavioristischen Tradition erkannt, daß die Art und Weise, wie ein Mensch über sich selbst und seine Situation denkt, einen deutlichen Einfluß hat auf sein Leben und insbesondere auf sein Verhalten. Aber das läuft wieder allzu leicht erstens auf die Überbetonung des Individuums zum Nachteil der Beziehungs- oder Interaktionsebene und zweitens auf die Vernachlässigung der nichtkognitiven Aspekte des menschlichen Lebens hinaus.

Die transpersonale Bewegung in der Psychologie bot mir den Kontext für das Verständnis von Dimensionen des Erlebens, die die »normalen« transzendieren. Hier wird der spirituellen Dimension des Lebens wie der Psychotherapie Rechnung getragen, eine Beziehung, auf die oft nur in der existentialen Psychotherapie hingewiesen wird. Viele, aber gewiß nicht alle Schriften in diesem Bereich beschränken sich allerdings so sehr auf die spirituelle Dimension, daß die konkreteren und notwendigerweise interpersonalen und/oder innerpsychischen Aspekte des Lebens daneben vernachlässigt werden. Und m. E. konzentrieren sich viele Autoren allzusehr auf die östliche Psychologie, vielleicht in dem Versuch, die Einseitigkeit der westlichen zu kompensieren. Ein dialogischer Ansatz fordert aber das gleichrangige Nebeneinander von östlichem wie westlichem Denken.

Die Objektbeziehungstheorie habe ich in letzter Zeit als außerordentlich hilfreich für ein Verständnis der Dialektik innerhalb eines Menschen schätzen gelernt. Sie befaßt sich mit der innerpsychischen Geschichte und Dynamik des Individuums und bietet durch ihre Betonung der »Objektsuche«, d. h. der angeborenen Tendenz des Menschen, die Bezogenheit auf andere zu suchen, die Basis für eine dialogische Therapie (vgl. *Friedman* 1985 a, S. 95).

Die mit der Objektbeziehungstheorie verwandte Psychologie des Selbst von *Kohut* (1971, 1977) hat mit der Betonung der Empathie des Therapeuten dazu beigetragen, den Fokus auf das subjektive Erleben des Klienten zu richten. *Robert Stolorow* und seine Mitarbeiter *Atwood, Brandchaf, Lachmann* und *Ulman* haben insbesondere das empathische Verstehen des Analytikers und die intersubjektive Dimension der Therapie hervorgehoben und sind damit bis zur Schwelle des Dialogischen vorgedrungen:

> »Aus der Perspektive der psychoanalytischen Phänomenologie können klinische Phänomene wie Übertragung und Gegenübertragung, negative therapeutische Reaktionen, die Psychopathologie allgemein und das therapeutische Tun der Psychoanalyse nicht abgelöst von dem intersubjektiven Kontext verstanden werden, in dem sie Gestalt annehmen. Patient und Analytiker bilden zusammen ein unauflösbares psychologisches System, und dieses System konstituiert die empirische Domäne der psychoanalytischen Untersuchung.« (*Atwood* und *Stolorow* 1984, S. 64)

Aber sie bleiben an der Subjektivität des Patienten oder des Analytikers orientiert und haben von daher keine umfassende Philosophie für den zwischenmenschlichen Kontext dieser Subjektivitäten entwickelt.

Wenn ich auf diesen Weg zurückschaue (und vielleicht haben andere ähnliche Erfahrungen gemacht), so scheint mir, daß ein dialogischer Ansatz in seinem eigenen philosophischen Fundament verwurzelt ist, gleichzeitig aber in einen echten Dialog mit anderen Therapiesystemen treten, ihre offensichtlichen Stärken respektieren und ihre wesentlichen Bestandteile in einen sehr anderen Kontext integrieren kann. Eine dialogische Therapie kann vielleicht zum neuen Medium werden, mit dessen Hilfe sich der Reichtum der menschlichen Beziehungen begreifen läßt.

Anmerkungen

1) *Friedman, M. S.*, in: *Buber, M.*, The Knowledge of man (1965b). Dabei handelt es sich um eine sehr knappe Paraphrase von *Bubers* Aussage in »Das Problem des Menschen«: »Das Zwischen ist nicht eine Hilfskonstruktion, sondern wirklicher Ort und Träger zwi-

schenmenschlichen Geschehens, es hat die spezifische Beachtung nicht gefunden, weil es zum Unterschied von Individualseele und Umwelt keine schlichte Kontinuität aufweist, sondern sich nach Maßgabe der menschlichen Begegnungen jeweils neu konstruiert...« (1962, S. 405).

2) Vgl. auch *Hycner, R. H.*, »An interview with Erving and Miriam Polster: The dialogic dimension in gestalt therapy«, *The Gestalt Journal* 10 (2), 1987.

3) *Friedman* (1985a) gibt eine interessante Interpretation der *Jung*schen Theorie, die dieser Aussage zu widersprechen scheint: »Es gibt hier sehr wohl noch einen Anflug von Psychologismus, weil *Jung* die Person als »psychisches System« definiert, das 'reziprok auf ein anderes psychisches System reagiert, wenn es eine andere Person berührt.'« (S. 22) Darüber hinaus stellt *Friedman fest*: »Trotz aller Betonung von Rapport und gegenseitigem Vertrauen ist *Jungs* Sichtweise der Therapeut-Patient-Beziehung letztlich die zweier individueller psychischer Prozesse, die durch die Interaktion mit dem anderen unterstützt werden, aber die den jeweils anderen notwendig als Funktion des eigenen Werdens betrachten.« (S. 22). Das läßt sich an der Aussage des 83jährigen *Jung* im Prolog seiner »Autobiographie« belegen: »Im Grunde genommen sind mir nur die Ereignisse meines Lebens erzählenswert, bei denen die unvergängliche Welt in die vergängliche einbrach. Darum spreche ich hauptsächlich von den inneren Erlebnissen. Zu ihnen gehören meine Träume und Imaginationen. ...Neben den inneren Ereignissen verblassen die anderen Erinnerungen, Reisen, Menschen und Umgebung.« (1962, S. 11)

II. Teil

Theorie

»Die entscheidende Wirklichkeit ist der Therapeut, nicht die Methoden. Ohne Methoden ist man ein Dillettant. Ich bin durchaus für Methoden, aber um sie zu gebrauchen und nicht, um an sie zu glauben.«

Martin Buber[1]

4.

Dialogische Psychotherapie

»Diese dialogische Begegnung ist in Einem sowohl Ausgangspunkt als Ziel unserer therapeutischen Bemühung.«

Hans Trüb[2]

Im folgenden möchte ich mich einigen wesentlichen Bereichen des dialogisch orientierten psychotherapeutischen Ansatzes zuwenden, der auf dem »Zwischen« und der »Ich-Du-« und »Ich-Es-Beziehung« aufbaut. Darüber hinaus geht es um die Konsequenzen einer Auffassung von Therapie, die in *Ansatz, Prozeß* und »*Ziel*« wesenhaft dialogisch ist. *Friedman* (1985a) hat das auf die kurze Formel gebracht: »Heilung durch Begegnung bedeutet die konkrete Entfaltung der 'Ontologie des Zwischen' in der Therapie« (S. 152).

In einem wirklich dialogischen Ansatz wird der Therapeut als »Hüter des Dialogischen« verstanden, d. h., daß er seine Individualität (zumindest zeitweise) im Dienste des »Zwischen« zurückstellt. Das mag beunruhigend sein, wenn man seine Aufgabe überwiegend in der Unterstützung von Differenzierung und Individuation beim Klienten sieht, denn dieses Ziel läßt sich am besten über das beispielhafte Modellieren der »Individualität« erreichen. Das reicht aber für den dialogischen Ansatz nicht aus, der davon ausgeht, daß wirkliche Einzigartigkeit aus echten Beziehungen zu anderen und der Welt entsteht. Individualität ist nur ein Pol in dem rhythmischen Wechsel zwischen Getrenntheit und Bezogenheit. Beides geschieht *innerhalb* des »Zwischen«.

Konsequenterweise bewegt sich der Therapeut hier auf einem »schmalen Grat«. Mit dieser Formulierung grenzt *Buber* seine Philosophie, nach der es erforderlich ist, auf den je einzigartigen Moment zu reagieren, von systematischen Ansätzen ab, die abstrakte Antworten *ungeachtet* der einzigartigen Realität der konkreten Situation geben. Das heißt: der Therapeut »...ruht nicht auf der weiten Ebene des Systems mit ihren gesicherten Aussagen über das Absolute, sondern auf dem schmalen, felsigen Grat über dem Abgrund, wo es keinerlei Sicherheit eines aussagbaren Wissens gibt, aber die Gewißheit der Begegnung mit dem verhüllt Bleibenden« (*Buber* 1962, S. 383f). Natürlich geht es nicht darum, etwa das ganze in der Ausbildung erworbene Wissen wieder zu vergessen, sondern um die Durchdringung dieses Wissens mit einem Gespür für den Klienten und seine in jeder Situation einzigartigen Bedürfnisse. Es gibt im Verlauf der Therapie eine *Dialektik* zwischen Objektivität und Subjektivität, sie geschieht auch hier im »Zwischen«.

Die Balance »auf einem schmalen Grat« bedeutet, daß es für den Therapeut keine selbstverständliche Gewißheit gibt. Die theoretischen Annahmen sind nur der erste Schritt und keinesfalls *Ersatz für die Begegnung*: »Obwohl kein Arzt ohne Typologie auskommen kann, weiß er doch, daß zu einem bestimmten Zeitpunkt die unvergleichliche Person des Patienten vor der unvergleichlichen Person des Arztes steht; er wirft so viel von seiner Typologie über Bord, als er kann, und nimmt das Unvorhersehbare auf sich« (*Buber* 1965, S. 174 f).

Die Herausforderung besteht also darin, wie man die Sicherheit gewährende Theorie nutzen kann, ohne damit blind das Unbekannte abzuwehren, und wie man auf die Unvergleichlichkeit reagieren kann, ohne das gemeinsame Fundament der Menschlichkeit zu übersehen. Im Dialog mit der ganzen Bandbreite menschlicher Möglichkeiten wird die Therapie zu einem wahrhaft paradoxen Unternehmen: Die einzige Sicherheit ist die Gewißheit einer Begegnung mit dem Unbekannten, dem nie zuvor Erfahrenen.

Herzstück der dialogischen Therapie ist das vorrangige Bemühen um die reiche und farbige Natur der ganzen Person und nicht das Fokussieren auf einzelne Aspekte wie das Innerpsychische, das Interpersonale oder das Transpersonale (*Wilber* 1984). Das schließt gewiß nicht aus, daß in den verschiedenen Phasen der Therapie oder auch einer Sitzung der eine oder andere Aspekt im Mittelpunkt steht. Aber das Bemühen geht immer darum, den *gesamten Kontext* sowie die Dialektik zwischen diesen zentralen Dimensionen der Existenz im Blick zu behalten.

Der analytische »Zeitgeist« unserer Gesellschaft stellt immer wieder eine Versuchung dar, die psychischen »Ursachen« für das Erleben des Klienten zu analysieren und dementsprechend zu diagnostizieren und zu behandeln. In der Therapie ist es immer wieder nötig, dem Klienten zu helfen, die »Masken« abzulegen, die ihm den echten Kontakt mit anderen Menschen und den tiefsten menschlichen Bedürfnissen unmöglich machen. Die Gefahr dabei ist, daß diese Demaskierung leicht zum Hauptfokus der Therapie wird und dann den Blick auf den ganzen Menschen versperrt, denn »es ist sehr schwierig, der 'Detektivfunktion' in der Therapie zu widerstehen« (*Erving Polster* 1979). Die Überbetonung dieser Haltung führt zu dem, was *Buber* den »Irrtum des Durchschauens und Demaskierens« nennt: »Das Wesen dieses Irrtums ist, daß man ein vordem nicht oder zu wenig beachtetes, nun entdecktes oder erhelltes Element im seelischen oder geistigen Bestand des Menschen mit seiner Gesamtstruktur identifiziert, statt es in diese einzugliedern« (*Buber*, 1953, S. 321 f).

Vielleicht versäumen wir zu oft die Frage nach dem existentiellen Kontext der Person, in dem ein bestimmtes Motiv oder Verhalten gerade deutlich wird. »Die entscheidenden Fragen müßten sein: Welche Proportion besteht zwischen ihm und den anderen; in welchem Maße und in welcher Weise schränkt es jene ein und wird von ihnen eingeschränkt« (*Buber* 1953, S. 322). So gesehen kann kein Einzelaspekt mehr für absolut gehalten werden. Statt dessen »ruft« jedes Verhalten verzweifelt danach, im Kontext der Existenz verstanden zu werden. Daneben wirkt die Aufdeckung der Motive hinter bestimmten Verhaltensweisen reizlos. »Der Mensch soll nicht durchschaut, sondern in seiner Offenbarkeit und seiner Heimlichkeit, *in dem Verhältnis beider zueinander* immer vollständiger geschaut werden« (*Buber* 1953, S. 323, Hervorhebung von mir).

In diesem Licht erscheint »Pathologie« als eine Störung der *ganzen* Existenz dieser Person und als »Zeichen« für das, was geschehen muß, damit sie wieder ganz werden kann. Nicht die »Demaskierung« der psychischen Ursachen und Motive ist der Fokus, es geht darum, zu untersuchen, was in der Existenz des Klienten »versteckt« bleiben muß, was zu tief, geheimnisvoll und verletzlich ist, um dem Licht des Bewußtseins direkt ausgesetzt zu werden. Sowohl Offenheit wie Verborgenheit gehören zum menschlichen Leben (*Friedman* 1974). »Pathologie« tritt dann auf, wenn die Harmonie dieser beiden Bereiche signifikant gestört ist.

Für *Buber* muß der Psychotherapeut wie ein Pädagoge und wie die Eltern die »Umfassung«[2] beherrschen, das heißt »...ein kühnes, fluggewaltiges, die intensivste Regung meines Seins beanspruchendes Einschwingen ins Andere« (1962, S. 280). Erleben, was der Klient erlebt, ist für den Therapeuten sehr anstrengend und gelingt bestenfalls augenblicksweise, weil sich die »umfassende« Haltung nicht unbegrenzt aufrechterhalten läßt. Gleichzeitig muß er aber auch seine eigene Zentriertheit beibehalten. Umfassung ist das Auf und Ab zwischen der Zentrierung in der eigenen Existenz und der Fähigkeit, auf die »andere Seite« zu wechseln. *Buber* sagt über den Therapeuten: »Sie können es von zwei Seiten sehen, fühlen, erleben. Von Ihrer Seite sehen Sie ihn, beobachten ihn, kennen ihn, helfen ihm — von Ihrer Seite und von seiner Seite. Sie können seine Seite der Situation erfahren, ich würde sogar sagen, körperlich« (*Buber* 1965, S. 171; rückübersetzt).

Die Erfahrung, die hier gemeint ist, ist etwas anderes als Empathie (*Friedman* 1985a). Empathie ist ein *Gefühl*, das »im« Individuum angesiedelt ist. Umfassung dagegen bedeutet, dem anderen seine *ganze* Existenz zuzuwenden und zu versuchen, dessen Erfahrung genauso zu erleben wie die eigene. Für *Buber* ignoriert Empathie einen Pol des

Dialogs, während im wahren Augenblick der Umfassung beide berücksichtigt sind. Umfassung geschieht, wenn die Person »...den gemeinsamen Vorgang, ohne irgend etwas von der gefühlten Realität ihres eigenen Tätigseins einzubüßen, zugleich von dem andern aus erlebt« (1962, S. 802).

Es ist natürlich kein Zufall, daß das »Erleben der anderen Seite« so selten praktiziert wird. Man braucht ein starkes Gefühl für die eigene Zentriertheit und gleichzeitig die existentielle psychische Flexibilität, auf die andere Seite »zu wechseln«. Wer das versucht hat, hat auch die Angst vor dem Verlust des Selbstgefühls erlebt[3], aber genau darum geht es: Das starre Selbstgefühl muß aufgegeben werden, wenn man in die volle Realität des anderen eingehen will. Wie die Ich-Du-Begegnung kann man aber auch die Umfassung nicht »absichtlich« herbeiführen; sie kann nicht erzwungen werden, obwohl sie die bewußte Anstrengung braucht. Umfassung ist so für den Therapeuten ein beständiges Dilemma und eine Herausforderung.

Noch ein letzter Hinweis zur Umfassung: Häufig zeigt sich die Bereitschaft des Klienten zur Beendigung der Therapie u. a. auch darin, daß er die Therapiesituation aus dem Blickwinkel des Therapeuten zu sehen beginnt. Das zeigt sich z. B. an Kommentaren wie: »Das muß ja damals ganz schön hart für Sie gewesen sein«, oder: »Ich glaube, das habe ich noch nie von Ihrem Blickpunkt aus gesehen«, oder darin, daß er sich Gedanken über Gesundheit oder Wohlbefinden des Therapeuten macht. Mit anderen Worten: *Er ist nun fähig zur Umfassung.* Er erkennt und schätzt das Selbst des Therapeuten und, durch Extrapolation, das Selbst anderer. Die Zugänglichkeit des Klienten für eine echte Bezogenheit auf andere ist die Basis des echten Dialogs. Für *Buber* steht die Bestätigung im Mittelpunkt des dialogischen Ansatzes, und das Fehlen von Bestätigung, die jeder einzelne in seiner Menschwerdung erleidet, ist Grundlage aller Psychopathologie. Anders als Tiere, die fraglos sind, was sie sind, *braucht der Mensch die Bestätigung durch andere*, denn er »schaut... heimlich und scheu nach einem Ja des Seindürfens aus, das ihm nur von menschlicher Person zu menschlicher Person werden kann; einander reichen die Menschen das Himmelsbrot des Selbstseins« (*Buber* 1962, S. 423).

Wenn wir erst dieses »Ja«, dieses »Himmelsbrot des Selbstseins« empfangen haben, dann, so *Buber*, sind wir zu ausreichender Zentriertheit in unserer Existenz fähig, um uns zu behaupten. Natürlich gibt es nicht ein einmaliges Erlebnis, nach dem man sich ein für allemal bestätigt fühlt, sondern es handelt sich um eine lebenslange komplexe Spirale von Ereignissen, die die Notwendigkeit und existentielle Bereitschaft für diese entscheidende Bestätigung bedingt. Das sind Momente der Gnade.

Dieses verzweifelte Bedürfnis nach Bestätigung kann zu einem »falschen Selbst« (*Laing* 1965) oder zum »Scheinen« (*Buber*) führen. Wenn wir nicht für das bestätigt werden, was wir sind, suchen wir das nächstbeste: so zu »scheinen«, wie andere uns unserer Überzeugung nach haben möchten. Wir rufen einen gewissen Eindruck hervor, bemühen uns um einen »Schein«, um Zustimmung zu finden. Wir sind nicht wir selbst. Die Ironie dabei ist natürlich, daß wir tief innen genau wissen, daß die so gewonnene Bestätigung nicht echt ist. Aber es ist immer noch besser, die eigene Existenz über ein »falsches Selbst« bestätigt zu bekommen, als überhaupt keine Bestätigung zu finden (*May* 1969).

Grundlage der Therapie ist demnach die Bestätigung des Klienten durch den Therapeuten. Therapie bietet eine einzigartige Gelegenheit für die »Segnung« der Existenz durch Bestätigung, die dann für den Klienten zum Prototyp von Bestätigung in anderen Situationen werden kann. Die Erkenntnis der Einzigartigkeit steht am Anfang dieser tiefen, existentiellen Anerkennung. Echter Dialog beginnt, wenn »...jeder seinen Partner als diesen, als eben diesen Menschen meint. Ich werde seiner inne, werde dessen inne, daß er anders, wesenhaft anders ist als ich, in dieser bestimmten ihm eigentümlichen einmaligen Weise wesenhaft anders als ich, und ich nehme den Menschen an, den ich wahrgenommen habe, so daß ich mein Wort in allem Ernst an ihn, eben als ihn, richten kann« (*Buber* 1962, S. 277). Bestätigung bedeutet, sich der getrennten und einzigartigen Existenz des anderen, d.h.

seinem »Anderssein«, zuzuwenden und sie zu bejahen und gleichzeitig das gemeinsame Band der Bezogenheit auf andere zu akzeptieren.

Bis zu einem gewissen Grad ist das »Scheinen« für das psychische Überleben notwendig, aber das tiefe Bedürfnis der Seele nach Anerkennung bleibt: Anerkennung der Existenz *dieser* einzigartigen Person, Bestätigung als Individuum wie als Mitmensch. Der bemerkenswerte Film »The Elephant Man« zeigt beispielhaft, wie wichtig die Bestätigung der Existenz eines Menschen ist, ungeachtet aller psychischen oder physischen Abweichungen. Das Thema der Bestätigung umfaßt explizit die Verbundenheit der Menschen und die Grenzen individueller Selbstwertschätzung.

»Bestätigung« heißt mehr als Akzeptanz, obwohl Akzeptanz wesentlich dazu gehört. Akzeptanz heißt für *Buber*: »Ich nehme dich, wie du bist... aber das ist noch nicht, was ich unter Bestätigung des anderen verstehe. Denn Akzeptanz, das heißt nur, zu akzeptieren, wie er jetzt in diesem Augenblick ist, in seiner Aktualität« (1965b, S. 181f). Akzeptanz stellt keine zwischenmenschliche existentielle »Forderung« an den anderen, anders zu sein, als er ist. Bestätigung aber erkennt und bejaht die Existenz des anderen, auch wenn man ihm sagt, daß sein gegenwärtiges Verhalten nicht akzeptabel ist. Bestätigung macht durchaus Auseinandersetzung möglich:

> »Vielleicht muß ich seiner Ansicht über den Gegenstand unseres Gesprächs die meine Mal um Mal in aller Strenge entgegenhalten, um eine Auflockerung der Überzeugungen geht es ganz und gar nicht, aber diese Person, den personhaften Träger der Überzeugung nehme ich in seinem Sosein an, aus dem seine Überzeugung gewachsen ist, eben die Überzeugung, von der ich etwa Stück um Stück zu zeigen versuchen muß, was da nicht stimmt. *Ich sage Ja zu der Person, die ich bekämpfe*, partnerisch bekämpfe ich sie, ich bestätige sie als Kreatur und als Kreation, ich bestätige auch das mir entgegen Stehende als das mir gegenüber Stehende.« (*Buber* 1962, S. 277f; Hervorhebung von mir)

Akzeptanz ist das Vorspiel wahrer Bestätigung: »Ich würde sagen, jede wahre Beziehung zwischen zwei Personen beginnt mit Akzeptanz« (*Buber* 1965b, S. 181). Die beiden Bereiche sind eng miteinander verwoben, und es ist schwierig, wenn nicht unmöglich, sie klar zu unterscheiden.

Das »Ziel« einer dialogischen Therapie ist die *Möglichkeit*, wenn auch nicht unbedingt die tatsächliche Gegebenheit, einer gegenseitigen Beziehung zwischen Therapeut und Klient (*Friedman* 1985a, 1985b). Das läßt sich natürlich nicht immer erreichen (später will ich »die Grenzen des Dialogs« erörtern), weshalb man vielleicht von der Gegenseitigkeit eher als einem *Nebenprodukt* der dialogischen Therapie sprechen sollte. Das heißt, das ständige Bemühen des Therapeuten um den Aufbau einer echten Beziehung zum Klienten und die Durcharbeitung der einzelnen Therapiephasen ermöglichen dem Klienten nach und nach, sich zu behaupten. Die Therapie vermittelt ihm ausreichende Bestätigung für die Entwicklung eines echten Gefühls von Getrenntheit, Zentriertheit und zugleich Bezogenheit; er wird damit eher fähig, einen anderen Menschen als »Du« zu erfahren.

Auf dem Weg zu diesem Ziel müssen allerdings viele »innerpsychische« Konflikte oder »archaischen Stile« (*Trüb* 1952) durchgearbeitet worden sein. Bis dahin ist der Therapeut für den Klienten eine »Pseudoperson«. Genau das ist die Grundlage des Übertragungsbegriffs, der meist nicht weit genug gefaßt wird: »*Übertragung muß als Verzerrung der Begegnung verstanden werden.* Weil es in der Psychoanalyse keinen Begriff von der menschlichen Begegnung und keinen adäquaten Ort für die Ich-Du-Beziehung gegeben hat, mußte es zwangsläufig zu einer Trivialisierung und Verwässerung der Liebesbeziehungen kommen« (*Rollo May* 1983, S. 19; Hervorhebung von mir). Erst die Durcharbeitung dieser »Übertragungs«-Konflikte führt dazu, daß der Therapeut als »wirkliche« Person gesehen werden kann. Einer meiner Klienten hat das sehr genau auf den Begriff gebracht, als er sagte: »Ich fange endlich an, Sie einzulassen.«

Die Frage des Einsatzes von »Techniken« wird in der dialogischen

Therapie zum Randproblem. *Die Technik muß aus dem Kontext der Beziehung entstehen.* Gibt es in der Sitzung eine Sackgasse, ist es absolut sinnvoll, eine »Technik« einzusetzen, die Hilfe verspricht. Gegen therapeutische Techniken als solche spricht nichts, es sei denn, sie würden *willkürlich* auf die Situation aufgesetzt. Eine vertrauensvolle Beziehung, die dem Therapeuten »erlaubt«, bestimmte Techniken anzuwenden, muß immer vorhanden sein. Die sogenannten technischen Mittel müssen aus dem »Zwischen« entstehen. Extremer Objektivismus und extremer Subjektivismus sind gefährlich; sie zu vermeiden, ist eine prometheische Aufgabe. Die Ausbildung kann die Kunst, auf das »Zwischen« zu reagieren, nur so weit lehren, wie man z. B. einem Jazzmusiker die Improvisation beibringen kann. Auch hier verlangen die technischen Aspekte der Musik (Notenlesen, Tonleitern oder die Kenntnis der formaleren klassischen Musik) eine gute Ausbildung, aber in der Improvisation selbst wird diese technische Ausbildung zum (wichtigen) Hintergrund, aus dem sich die Improvisation ergeben kann. In *Bubers* Worten: »Der wirkliche Meister weiß dem Einzigartigen zu begegnen« (1965, S. 181).

Zu guter Letzt bleibt der provozierende Bereich echter Gegenseitigkeit zwischen Therapeut und Klient (*Friedman* 1985a, 1985b). Wenn der Klient zum ersten Mal in die Praxis kommt, ist die Beziehungssituation unausgeglichen. In dieser frühen Phase kann es keine Gegenseitigkeit geben. *Buber* hat in seinem öffentlichen Gespräch mit *Carl Rogers* dieses grundlegende (und häufig mißverstandene) Thema behandelt: »Der wesentliche Unterschied zwischen Ihrer Rolle und seiner in dieser Situation ist offensichtlich. Er kommt zu Ihnen um Hilfe. Sie kommen nicht zu ihm um Hilfe. Und nicht nur das, Sie sind auch mehr oder weniger fähig, ihm zu helfen« (*Buber* 1965b, S. 171). Diese Einseitigkeit und die Demut des Klienten in der Erkenntnis dieser Unausgeglichenheit können wesentlich sein für eine echte Heilung.

Grenzen der Gegenseitigkeit entstehen auch aus der Auseinandersetzung mit bestimmten neurotischen oder psychotischen Zuständen. Die Arbeit mit einer narzißtischen Persönlichkeit schränkt den echten

Dialog anders ein als die mit einer zwangsneurotischen, wie es auch signifikante Unterschiede in der Arbeit mit neurotischem oder psychotischen Verhalten gibt. »Ich kann zu einem Schizophrenen insoweit sprechen, als er bereit ist, mich in die besondere Welt einzulassen, die ihm eigen ist, und in die er im allgemeinen Sie und andere nicht einlassen will. Aber manche Menschen läßt er ein. Er läßt mich vielleicht auch ein. Aber sobald er sich verschließt, kann ich nicht zu ihm vordringen« (*Buber* 1962, 301-305).

Auch bei relativ »gesunden« Menschen gibt es bestimmte Entwicklungsebenen, die sie im Moment nicht überschreiten können. *Das ist kein Widerstand* im strengen Sinne des Wortes, sondern eher das tiefe und weise intuitive Wissen, daß man weder die innere noch die äußere Unterstützung für das Risiko einer intimeren, aber viel bedrohlicheren Beziehung besitzt.

Man braucht ein enormes Sicherheitsgefühl, um den intimen Kontakt zu anderen zu riskieren. Auch der beste Therapeut kann nicht gegen das grundlegende dialogische Prinzip verstoßen, daß *jede* Interaktion zwei Seiten hat: beide Partner können ihrer Bereitschaft, in das »Zwischen« einzutreten, Grenzen setzen. Auch im echten Dialog gibt es das »Problem der Grenzen«. In anderen Worten: »... Ich tue etwas, ich probiere etwas aus, ich will etwas, und ich lege jeden Gedanken meiner Existenz in dieses Unternehmen. Und dann gibt es einen Moment, in dem eine Mauer da ist, eine Grenze, die ich nicht ignorieren kann. Das gilt genauso für das, was mich mehr als alles andere interessiert: wirksamer menschlicher Dialog« (*Buber* 1965b, S. 175; rückübersetzt).

Anmerkungen

1) *Buber* 1965, S. 174
2) *Trüb, H.*, 1951, S. 45
3) *Buber* hat die »Umfassung« in seinen persönlichen Begegnungen mit anderen offensichtlich praktiziert. *Hans Trüb* hat ihn nach einer Begegnung so beschrieben: »... er ließ einen sanften Ton klingen und in sich schwingen und lauschte auf das Echo der anderen Seite« (1935, S. 32).

5.

Definitionen und Überblick

»Wir dürfen als Psychotherapeuten nicht den Finger legen auf eine Wahrheit, die *wir haben*, sondern nur auf eine *zwischen* uns, zwischen Arzt und Patient zu suchende Wahrheit.«

Hans Trüb [1]

Der Begriff »Dialog« wird in der Umgangssprache sehr unterschiedlich verwendet, was zu Unklarheiten führen kann, wenn man von dialogischer Therapie spricht. Deshalb ist zunächst die Klärung der folgenden Begriffe bei *Buber* notwendig: das Dialogische; verbaler und nonverbaler Dialog; echter Dialog, technischer Dialog und Monolog sowie Selbst-»Dialog«. Darüber hinaus soll in diesem Kapitel das Verhältnis zwischen der innerpsychischen und der interpersonalen Dimension in der Therapie dargestellt werden.

Zunächst einmal darf man das Dialogische nicht mit verbaler Interaktion gleichsetzen, die gleichwohl häufig ein wesentlicher Aspekt dabei ist. »Das Dialogische« läßt sich folgendermaßen beschreiben: Ich werde und bin Mensch durch die Beziehung zu anderen Menschen, und ich kann und will bedeutungsvolle Beziehungen mit anderen eingehen, wobei ich ihre und meine Einzigartigkeit achte. Das bedeutet, meine Existenz ist *unauflöslich mit anderen verwoben*. In der Terminologie *Martin Bubers* wird dies als »Ich-Du-Beziehung« bezeichnet. Das Dialogische geschieht also nicht *innerhalb* eines Menschen, sondern es ist die »geheimnisvolle« Erfahrung, die sich im Bereich »zwischen« zwei Menschen vollzieht, sofern beide offen dafür sind.

Der Begriff »Dialog« bezieht sich auf eine spezifischere Interaktion zwischen Menschen, die ein echtes Interesse an der Begegnung mit dem Anderen haben. Ein solcher Dialog kann ganz und gar nonverbal, »geschwiegen« sein[2]. *Buber* hat ein sehr einfaches Beispiel dafür gegeben:

> »Eher noch würde ich an einen unscheinbaren, aber bedeutenden Winkel des Daseins denken, an die Blicke, die im Getümmel der Straße aufflattern zwischen Unbekannten, die aneinander gleichbleibenden Schrittes vorübergehen; es sind Blicke darunter, die schicksallos schwingend zwei dialogische Naturen einander offenbaren.« (1954, S. 130)

Es geht also nicht darum, ob die Interaktion verbal ist, sondern um die Offenheit und die Absicht, mit der man dem Anderen begegnet, und um die Erwiderung dieser Reaktion durch den Anderen. Damit wird deutlich, daß nicht jede verbale Kommunikation schon echter Dialog ist.

Buber unterscheidet weiter zwischen dem echten Dialog, dem technischen »Dialog« und dem dialogisch verkleideten Monolog: »Ich kenne dreierlei Dialog: den echten — gleichviel, geredeten oder geschwiegenen — , wo jeder der Teilnehmer den oder die anderen in ihrem Dasein und Sosein wirklich meint und sich ihnen in der Intention zuwendet, daß lebendige Gegenseitigkeit sich zwischen ihm und ihnen stifte...« (1954, S. 152). Die Aufmerksamkeit fokussiert auf diese besondere, einzigartige Person und wird von dem Anderen erwidert. Das Bedürfnis dabei ist es, dem Anderen als Anderem zu begegnen. In solchen Augenblicken gibt es keine psychischen Vorbehalte gegen eine offene Begegnung mit dem Anderen.

Im Gegensatz dazu steht die Ich-Es-Beziehung, von der der technische Dialog eine Variante ist: »...den technischen (Dialog), der lediglich von der Notdurft der sachlichen Verständigung eingegeben ist...« (1954, S. 152). Hier liegt der Fokus auf der sachlichen Verständigung und nicht auf der Person des Anderen. Dagegen ist nichts einzuwenden, solange technischer Dialog nicht die einzige Haltung der Interaktion mit anderen ist. In gewissem Sinne ist der Andere dabei nur Mittel zum Zweck. Die dritte Unterscheidung betrifft die »scheinbare« Offenheit für den Dialog, der in Wirklichkeit ein Monolog ist: »...und (es gibt) den dialogisch verkleideten Monolog, in dem zwei oder mehrere im Raum zusammengekommene Menschen auf wunderlich verschlungenen Wegen jeder mit sich selbst reden und sich doch der Pein des Aufsichangewiesenseins entrückt dünken« (1954, S. 153). Vieles von dem, was als Dialog gilt, ist eine mehr oder weniger subtile Form des Monologs. Man spricht in Gegenwart anderer zu sich selbst und erweckt den Anschein, mit ihnen zu sprechen und an ihnen interessiert zu sein. Dabei wird der Andere aber nur psychologisch vereinnahmt als weiterer Aspekt der eigenen Identität bzw. des Ichs[3]. »Der monologisch Lebende gewahrt das Andere nie als etwas, das zugleich schlechthin nicht er ist...« (*Buber* 1954, S. 154). Sowohl bei der technischen Kommunikation als auch beim dialogisch verkleideten Monolog gibt es kein wirkliches Interesse am bzw. Beschäftigung mit dem Anderssein der anderen Person. Es handelt sich in beiden Fällen um eine Art Pseudo-Dialog.

Schließlich gibt es so etwas wie den Selbst-»Dialog«. Dabei werden wir uns bewußt, daß »zwei Seelen« in uns wohnen oder zumindest zwei entgegengesetzte Gedanken oder Gefühle in Konflikt miteinander liegen, denen wir gleichermaßen zu ihrem Recht verhelfen wollen. Im strengen Sinne ist dies kein Dialog, sondern eher eine Art innerseelische *Dialektik*. Wir müssen zwischen Dialog und »Dialektik« unterscheiden. Ein Dialog braucht mindestens zwei Personen, die in eine echte Beziehung zueinander treten. Eine Dialektik bezieht sich auf die Interaktion zweier Polaritäten. Psychotherapeutisch ausgedrückt, kann eine Dialektik innerhalb eines Menschen beobachtet werden, wenn er mit sich selbst nicht einig ist, z. B. etwas tun und gleichzeitig nicht tun will. Es ist eher eine — oft innerseelische — Spannung als ein Dialog *zwischen* Menschen. Dialektik ist immer ein Aspekt der

Ich-Es-Haltung; sie muß transzendiert werden, wenn ein echter Dialog entstehen soll.[4] Diese Unterscheidung ist wichtig, obwohl Dialektik unweigerlich der Hintergrund jedes echten Dialogs ist und ihn durchdringt.

Dialogische Therapie ist nicht mit der zwischenmenschlichen Beziehung zwischen Therapeut und Klient oder den zwischenmenschlichen Beziehungen des Klienten außerhalb der therapeutischen Situation gleichzusetzen. Das Dialogische meint etwas ganz anderes. Für den Therapeuten bezieht es sich hauptsächlich auf seine *Einstellung* zum Klienten, d. h. er begegnet diesem Menschen auf dessen psychischer Entwicklungsstufe und bemüht sich, ihm zu helfen, eine gesündere Beziehungshaltung zur Welt einzunehmen. Eine solche Beziehungshaltung umfaßt die drei wesentlichen menschlichen Dimensionen: die innerpsychische, die interpersonale und die transpersonale. Das soll nicht heißen, daß es sich um einzelne, voneinander getrennte Aspekte handelt. Sie stellen eher drei verschiedene *Schwerpunkte* in der Therapie und vor allem im Leben dar.

Wie sind nun die innerpsychische und die interpersonale Dimension (zur transpersonalen vgl. Kap. 6) miteinander verwoben? Bei der folgenden Darstellung ist darauf zu achten, daß das notwendige Nacheinander des Schreibens den Eindruck einer chronologischen Abfolge erwecken kann, die in der Praxis nicht vorhanden ist. Ich werde versuchen, bei der Beschreibung einer Dimension jeweils die Spannung zur anderen mit einzubeziehen. Bei der Entscheidung für einen bestimmten Schwerpunkt in der Praxis ist das maßgebende Kriterium immer die Einschätzung der Entwicklungsstufe, auf der sich der Patient befindet.

Bei diesem Überblick stütze ich mich auf die Schriften von *Hans Trüb*, der die grundlegenden Probleme dialogischer Therapie besser als jeder andere Therapeut behandelt hat. *Trüb*, ein Jungianer, hat sich nach seiner Begegnung mit *Martin Buber* zehn Jahre lang mit den Widersprüchen zwischen seinem psychotherapeutischen Fokus auf dem Innerpsychischen und der tiefen interpersonalen Erfahrung der

»Begegnung« mit *Buber* und mit den weitreichenden Konsequenzen seiner Philosophie auseinandergesetzt. Er war schließlich davon überzeugt, daß die »Heilung aus der Begegnung« das tatsächliche Fundament der Therapie sei: Es ist die Beziehung zum Therapeuten, die es dem Klienten erlaubt, seine »innerseelischen« Konflikte zu explorieren und eine größere Bezogenheit auf den Therapeuten und schließlich auf andere Menschen in der Welt zu erreichen. Damit konnte *Trüb* nicht mehr davon ausgehen, daß er mit seinem jeweiligen Verständnis die »Wahrheit« über den Patienten wüßte. Der dialogische Ansatz führte ihn zu der wichtigen Erkenntnis: »Wir dürfen als Psychotherapeuten nicht den Finger legen auf die Wahrheit, die *wir haben*, sondern nur auf eine *zwischen* uns, zwischen Arzt und Patient zu suchende Wahrheit« (1951, S. 116). Unglücklicherweise starb er, bevor er die Umrisse einer dialogischen Therapie inhaltlich ausfüllen konnte. Der tiefe Gedankenreichtum seiner zum Teil über fünfzig Jahre alten Schriften überrascht beim Lesen stets von neuem. Die präzise Richtung seiner letzten Gedanken über Psychotherapie kann man aus dem Titel seines posthum erschienen unvollendeten Werkes ersehen: »Heilung aus der Begegnung« (1951).

Trüb hat sein auf *Jung* aufbauendes Verständnis des Innerseelischen nie aufgegeben, sondern es in eine dialogische Orientierung eingebettet. Nach seiner — und meiner — Überzeugung muß Psychotherapie in einem dialogischen Ansatz wurzeln. Erst dann kann man innerhalb dieses generellen Ansatzes die innerpsychischen Konflikte untersuchen, die einer echten Beziehung mit anderen im Wege stehen. Er postulierte zwei wesentliche Aspekte der Therapie. Der eine braucht eher einen »dialogisch-interpersonalen«[6] Fokus, der andere eher einen »dialektisch-innerpsychischen«. Aber beide Perspektiven wurzeln in der Begegnung und Beziehung zwischen Mensch und Mensch.

»Diese dialogische Begegnung ist in Einem sowohl Ausgangspunkt als Ziel unserer therapeutischen Bemühung. In ihr entspringt und vollzieht sich die wahre Heilung der Neurose. Das heißt: im Wagnis dieser Begegnung, in ihrem Gelingen oder Mißlingen kennzeichnet sich untrüglich der Prozeß der Heilung im positiven oder negativen Aspekt.« (*Trüb* 1951, S. 45)

Nur in der Entfaltung dieser Beziehung kann der innerseelische Konflikt zum Vorschein kommen und bearbeitet werden. Die reale Beziehung[7] ist der Kontext, in dem sich begreifen läßt, wie der Klient sein Selbst, Andere und die therapeutische Beziehung innerpsychisch verzerrt. Innerhalb dieser Beziehung können Klient und Therapeut den Gegensatz zwischen dem bewußten Erlebnis und dem unbewußten Tun des Klienten untersuchen. So wie für *Freud* Träume den »Königsweg zum Unbewußten« darstellten, so ist die *Beziehung zum Klienten* für den dialogischen Therapeuten der »Königsweg« zum Explorieren der Konflikte »innerhalb« der Psyche. »Der Arzt benutzt den bewußtseinsmäßigen Kontakt mit dem Patienten, um direkten Einblick und Zugang zu den irrationalen Vorgängen in seinem 'Unbewußten' zu gewinnen« (*Trüb* 1951, S. 44).

Obwohl es in den verschiedenen Phasen der Therapie verschiedene Schwerpunkte gibt, ist immer die lebendige Spannung vorhanden, die aus dem Versuch entsteht, sobald wie möglich *beide* Dimensionen anzusprechen. Zweifellos muß es eine wirkliche Beziehung zu anderen geben. Keiner der beiden Aspekte kann in der Therapie lange vernachlässigt werden. »Im Rahmen dieser grundlegend partnerischen Beziehung kommt dann auch die seelische Konfliktspannung, die aus dem Widerspruch zwischen den bewußten und den unbewußten Seelenbereichen hervorgeht, zum psychotherapeutischen Austrag« (*Trüb* 1951, S. 45).

Konsequenterweise brauchen diese zwei Phasen zwei verschiedene Orientierungen in der Therapie. In der ersten Phase muß sich der Therapeut zunächst auf den Aufbau einer vertrauensvollen Beziehung zum Klienten konzentrieren, der ja aus gutem Grund gelernt hat, mißtrauisch zu sein. Der Therapeut ist also zunächst und hauptsächlich damit beschäftigt, diesen Menschen zu »bestätigen«[8] und sein Verhalten soweit wie möglich zu akzeptieren. Wenn diese vertrauensvolle und annehmende Beziehung aufgebaut ist und einige der störenden innerpsychischen Konflikte exploriert wurden, beginnt die nächste Phase der Therapie. Hierbei orientiert sich der Therapeut mehr an der existentiellen Wirklichkeit der Welt, d. h. an der Existenz einer *realen* Welt und *realer* Menschen, die uns ansprechen und für die wir verantwortlich sind, trotz der eigenen innerpsychischen und subjektiven Perspektive. *Trüb* sagt über den ersten Teil dieses zwei-Phasen-Ansatzes:

> »In der ersten Phase stellt sich der Psychotherapeut, unter Hintansetzung des Weltanspruchs, persönlich auf die Seite des selbstgefangenen Patienten. Er begegnet ihm liebend und verstehend wie ein älterer Bruder. Und er bemüht sich als Psychologe um die Aufhellung und Bewußtwerdung seiner Selbsterfahrung und fördert so nach besten Kräften seinen Individuationsprozeß.« (1947, S. 60)

Ausgangspunkt der dialogischen Haltung ist zunächst die Erfahrung des Klienten[9]. Anders gesagt: Jeder Klient kommt mit unterschiedlichen Entwicklungserfahrungen in die Therapie. Sehr häufig kann er die interpersonalen und transpersonalen Aspekte seines Lebens erst dann adäquat explorieren, wenn die wichtigsten innerpsychischen Hindernisse bearbeitet und integriert sind.

Dazu muß der Therapeut die »verlorenen und vergessenen Dinge« suchen, die durch Wunden in der Vergangenheit »in« die Psyche eingegraben wurden. Der Therapeut tut dies, indem er in eine Beziehung zu einem Mitmenschen eintritt. Er weiß, daß die geheime Bedeutung dieser »verlorenen und vergessenen Dinge« sich nur in einer vertrauensvollen Beziehung zu einem anderen Menschen offenbaren kann und nicht durch eine objektivierende und klassifizierende Haltung.

> »Aber der Psychotherapeut in seiner Arbeit mit dem Kranken *ist im wesentlichen ein Mensch*. Als Individuum weiß er von dem ewigen, bedeutungsvollen *Grund der Schöpfung* und von

seinen verlorenen und vergessenen Dingen, und als ein Mensch fühlt er sich ihnen verpflichtet und verantwortlich, und er bemüht sich, ihre geheime Bedeutung wiederzuentdecken und sie erneut ins Bewußtsein zu heben... Aber in den Tiefen seines Selbst weiß er, daß sich die geheime Bedeutung dieser Dinge, die ins Bewußtsein gebracht wurden, zunächst *in ihrem Ausgehen zu dem Anderen* offenbart. Deshalb sucht und liebt er den Menschen in seinem Patienten und erlaubt ihm, wieder und wieder zu ihm zu kommen.« (*Trüb* 1935/1964, S. 497; rückübersetzt)

Diese »verlorenen und vergessenen Dinge« greifen auf eine frühere Entwicklungsphase zurück, die geprägt war von uneingeschränkter Offenheit für bedeutsame Andere bei gleichzeitiger überwältigender persönlicher Verletzbarkeit, weil ihr die Selbststruktur fehlte, um der »Ablehnung« durch die versorgenden Personen standhalten zu können. Auf diesem Hintergrund versteht *Trüb* das Unbewußte radikal dialogisch: »...daß dieses...Unbewußte von dorther seinen Ursprung hat und nimmt: eben von jenem radikalen 'Nein' der Begegnungsabsage, hinter dessen mächtiger Schranke das seelische Bedürfnis des Menschen nach wahrer Weltbegegnung sich heimlich staut, auf sich selbst zurückfällt und so zum 'Unbewußten' gleichsam gerinnt« (1952, S. 96). Die Konsequenz ist der Rückzug nach innen — *die Begegnungsflucht:* »Diese tiefenpsychologisch bewerkstelligte Aufdeckung der innerseelischen Abwehrsysteme kann aber in wahrhaft heilender Weise nur dann gelingen, wenn sie im Erkennen der *personal* vollzogenen Begegnungsflucht des Selbst... den Schlüssel zum zentralen Verständnis dieser Systeme besitzt« (*Trüb* 1952, S. 50).

Die »Begegnungsflucht« führt zu einer elementaren Introversion, die den Kern der Neurose bildet. *Das Selbst bezieht sich auf sich selbst* und blockiert das tiefe Nähren der Seele durch andere. »Neurosen bieten sich uns dar als mehr oder weniger mißglückende Versuche, die Selbstrealisierung *aus eigener Machtvollkommenheit* erzwingen und behaupten zu wollen« (*Trüb* 1952, S. 56). Der neurotische Mensch meint, sich auf niemanden verlassen zu können und alles selbst tun zu müssen. Prototyp für diese Haltung ist der moderne »Self-made«-Mensch, den man als Karikatur des Individualismus betrachten könnte, wenn die Situation nicht so bitter wäre. Die Tragik liegt in dem schmerzhaften Verlust von menschlicher Verbundenheit und Zusammengehörigkeitsgefühl. Menschlichkeit wird mit Individualität gleichgesetzt. Gewiß brauchen wir alle ein Gefühl der Getrenntheit; das ist ein Bestandteil des Individuationsprozesses, führt aber im Extrem zu interpersoneller Isolierung und Entfremdung. Bevor eine Bewegung hin zu anderen möglich wird, muß sich der Therapeut mit dem »dynamischen Zentrum« des Klienten verbünden:

> »Dies jedoch ist die therapeutische Situation, in die hinein der Arzt zur Erfüllung seiner Aufgabe gestellt ist: *nicht nur nach dem Willen des Patienten* die seelischen Spannungen in ihm beruhigend auszugleichen, sondern partnerisch durchzustoßen zum personalen Seinsgrund dieses Menschen, zum *eigentlichen Ursprung* also seiner grundhaften Selbstbezogenheit, aus dem alle Neurose genährt wird und aus welchem erst, in der Umkehr und im Durchbruch des Selbst zur mitmenschlichen Gemeinschaft, die Heilung zu erwarten ist.« (*Trüb* 1952, S. 57)

Ich habe einmal mit einer Klientin gearbeitet, die, obwohl gewiß nicht psychotisch, die meiste Zeit in ihrer eigenen »inneren« Welt lebte. Sie hatte große Schwierigkeiten in der Beziehung zu ihrem Freund, weil sie viele ihrer innerpsychischen Ängste auf ihn »projizierte«. Er war natürlich auch nicht unschuldig an der Situation und weigerte sich, eine Paartherapie mitzumachen. Diese Klientin war so mit ihren inneren Wahrnehmungen beschäftigt, daß ich mir fast neun Monate lang ihr gegenüber wie ein Phantom vorkam. Ihre Vertiefung in sich selbst wirkte so *unbedingt*, daß ich in manchen Sitzungen die Phantasie hatte, ich könnte nach der Begrüßung das Zimmer verlassen und gegen Ende zurückkommen, ohne daß sie es bemerken würde. Meine

Person schien für sie in der Therapiesituation völlig unwichtig. In dieser ersten Phase unterstützte ich ihre Haltung, denn auf dem Hintergrund ihrer Geschichte konnte eine wirklich vertrauensvolle Beziehung m. E. nur so aufgebaut werden. Nachdem wir an zahlreichen ihrer »innerpsychischen« Themen gearbeitet hatten, gab es Veränderungen bei ihr und in ihrer Beziehung zu mir, sie war viel offener für die interpersonalen Dimensionen ihres Lebens. So ging ich das Risiko ein und erzählte ihr von meinen »Phantom«-Gefühlen. Die Möglichkeit einer Begegnung wog das Risiko der »Vergegnung« auf, und das Thema schien mir für sie *essentiell* wichtig zu sein, weil anzunehmen war, daß sie auch mit anderen Menschen so umging. Obwohl meine Bemerkung sie anfänglich verletzte, wurde sie zu einem Wendepunkt in der Therapie. Der Schock brachte sie mit der Realität ihrer Situation in Kontakt und zeigte ihr, wie viele Phantome durch ihr Leben geisterten. *Trüb* schlägt in Bezug auf die Spannung zwischen innerpsychischer Einsicht und interpersonaler »Begegnung« vor, daß »...jedes vorläufig erreichte positive Ergebnis einer durch die psychologische Analyse zutage geförderten Selbstfindung jeweils unmittelbar daraufhin erprobt werde, ob es *zum Ausgangspunkt einer neuen persönlichen Weltbegegnung erhoben werden kann*« (1947, S. 62, Hervorhebung von mir).

Entscheidend dabei ist der Zeitpunkt; die Bereiche, die das Zustandekommen einer echten Begegnung *stören*, müssen in der Therapie bereits bearbeitet sein. Der Therapeut kann eine »wirkliche« Beziehung nicht fordern, bevor der Klient dazu bereit ist.

>»Vielmehr muß die Wiederherstellung der dialogischen Begegnungsfähigkeit *Hand in Hand* gehen mit der methodisch psychologischen Bemühung, die komplexen Abwehrsysteme im seelischen Ausdrucksbereich, nach Maßgabe des gesundenden Selbst, aufzulockern und abzubauen, um so die gebundenen Seelenkräfte der neuen Weltbegegnung wieder dienstbar zu machen. Ohne diese komplementäre Hilfe der Tiefenpsychologie

würde das Selbst des Patienten durch die dialogische Zumutung in der Weltbegegnungssituation überfordert und der Gefahr neuer Regressionen ausgeliefert.« (*Trüb* 1952, S. 50f)

Das Unbewußte wird jedoch nie zum ausschließlich Fokus der Therapie, weil es nicht unabhängig von der Beziehung gesehen, sondern im Gegenteil *nur* in einer »partnerschaftlichen« Beziehung exploriert werden kann. Das Unbewußte ist keine autonome »black box« *im Inneren* eines Menschen, die unabhängig von seinen Beziehungen zur Welt existiert, sondern eher ein unauflöslich mit unseren »Begegnungen« und »Vergegnungen« mit der Welt verwobener Bereich[10]. »Die dialogische Grundhaltung (des Therapeuten) schließt die auf die widerspruchsvolle seelische Mannigfaltigkeit sich einstellende *dialektische Grundhaltung* des (innerpsychisch orientierten) Psychologen zwar keineswegs aus, aber sie wird dem partnerischen Verhältnis bewußt ein- und untergeordnet« (*Trüb* 1952, S. 52).

Diese Spannung zwischen Akzeptanz und Exploration des dialektisch-innerpsychischen Materials und seiner Konflikte einerseits und dem ständigen Bemühen andererseits, diese Seite zu einer dialogisch-interpersonalen Bezogenheit auf andere und die Welt zu erhöhen, ist *immer* vorhanden. Weil beide Prozesse *gleichzeitig* ablaufen, muß sich der Therapeut sehr stark, ja meisterhaft einstimmen, um den Schwerpunkt in jedem Augenblick der Therapie neu bestimmen zu können. »...Gleichzeitig mit dem Bemühen, eine psychische Zentrierung des Selbst zu gewinnen, (soll) die Begegnungsbereitschaft dieses Selbst zur Welt hin, die lebendige Zwiesprachesituation also zwischen *'drinnen'* und *'draußen'*, angestrebt und gefördert werden...« (*Trüb* 1952, S. 74, Hervorhebung von mir).

In der elementaren Introversion, von der *Trüb* sprach, geht die Verbundenheit mit anderen und der Welt nur allzu leicht verloren. Die Spannung ist außerordentlich empfindlich, die Balance zwischen diesen wesentlichen Dimensionen unserer Existenz außerordentlich schwierig. Aber selbst diese elementare Introversion ist nie eine totale

Isolation von der Welt der anderen, und sie kann es auch nie sein. Selbst im tiefsten Rückzug *bleibt ein vages Bedürfnis der Seele nach echter Begegnung mit anderen*: »Im neurotischen Menschen regt sich aber noch jene tiefe 'Unruhe des Herzens' (Augustin, Pascal), in welcher das ursprüngliche, der transzendenten Hilfe bedürftige und gewärtige Selbst sich heimlich bemerkbar macht« (*Trüb* 1952, S. 57). Die Fähigkeit zum echten Dialog und zur wirklichen Begegnung schlummert nur, sie wartet, bis jemand das wahre Selbst in seinem Versteck, dem Fluchtort vor der frühen schwächenden Verletzbarkeit durch verfrühte Aussetzung, aufstöbert. Aber selbst in seiner Verborgenheit braucht es die Kommunikation mit einem anderen, der den »Einsiedler« mit einem milden Blick wieder in die Interaktion mit anderen zurückführen kann. Die vage Ruhelosigkeit wächst und behauptet sich, bis schließlich die Abwehr der elementaren Introversion ihren Würgegriff löst. »In dieser Unruhe des Herzens wird das selbstbezogene, aus Mißtrauen errichtete Sicherungssystem schließlich *fragwürdig*« (*Trüb* 1952, S. 57). Jetzt ist der Klient bereit zur Begegnung mit dem Anderen. Indem der Therapeut die Psychopathologie als Ausdruck einer elementaren Selbstbezogenheit betrachtet, die eine »Flucht vor der Begegnung« anzeigt, postuliert er diesen Menschen bereits als ein »Du«. Er sucht nach dem »Du«, das sich hnter einem jahrelang aufgebauten Schutzwall des Selbst versteckt.

»Indem die anthropologische (dialogische) Psychotherapie den isolierten Patienten, der im Rückzug seines Selbst aus der Weltbegegnung seine Zwiesprachefähigkeit eingebüßt hat, von allem Anfang an leibhaftig ins Auge faßt und ihn unmittelbar anredet, konstelliert sie ihn als *mitmenschliches* Du, als den ursprunghaften Partner einer vollmenschlichen Begegnung. Dieses trotzige Selbst, diesen introvertierten Gefangenen der Seele meint und sucht sie und läßt ihn nicht los. Ihn ruft sie namentlich an als den zur Antwort Berufenen, als den personhaft Verantwortlichen. Und indem sie ihn in der Weise anspricht,

fordert sie ihn heraus: auf daß er sich in seinem Selbst erschlie-
ße und in der neuen Zwiesprache mit dem ärztlichen Partner
und über diesen hinaus im Umgang mit der Welt — in anderer
Weise als der bloß introversiven — sich selbst individuiere.«
(*Trüb* 1952, S. 42f)

Sobald es irgend geht, wird also die »zweite« Phase der Therapie
eingeleitet, die stärker auf die dialogisch-interpersonale Dimension
fokussiert: »In der zweiten Phase tritt (der Therapeut) hinüber auf die
Seite der angeschuldigten Welt und mutet dem nunmehr potentiell gesunden Patienten zu, daß er jetzt seine Selbstverschlossenheit durch-
breche und sich mit der ganzen Seele ihr zuwende« (*Trüb* 1947, S. 60).
Dies manifestiert sich sowohl in dem verstärkten Fokus auf die interpersonale Dimension der therapeutischen Beziehung wie auch auf die
realen Beziehungen des Klienten außerhalb der Therapie. Denn bei
dem Fokus auf die dialogisch-interpersonale Ebene ist *keineswegs* die
Beziehung zwischen Klient und Therapeut das Ziel, obwohl auch diese
Beziehung real ist. Der Klient soll vielmehr lernen, eine Bezogenheit
zu entwickeln, die er außerhalb des Behandlungsraumes in seinen alltäglichen Beziehungen konkret anwenden kann. Therapie darf nie zur
Isolation von der Welt führen. In der zweiten Phase ist der Therapeut
sowohl konkrete Person als auch »Stellvertreter« der Außenwelt.

»(Der Psychotherapeut)... hat die Gemeinschaft und ihre geistige Welt, die sich dem seelisch Leidenden versagt, und der dieser — umgekehrt — sich selbst versagt, in Form persönlicher
Anrede stellvertretend zu verkörpern. Ihm fällt die Aufgabe zu,
die unterbrochene dialogische Beziehung zwischen diesem Einzelnen und der Gemeinschaft in unmittelbarer Begegnung wieder anzubahnen. Dieses Verhältnis zwischen Arzt und Krankem
stellt sich so gewissermaßen als eine Zelle dar, in welcher die
beiden Partner zusammen sowohl die Weltnot als auch das Leiden des Menschen besinnlich vergegenwärtigen und es in persönlicher Zwiesprache auf die Heilung hin austragen. Heilung

würde bei dieser Voraussetzung dann vorliegen, wenn durch diese Zwiesprache die Seele-Welt-Beziehung des Kranken in dem Grade erneuert und gefestigt ist, daß er zur Bewährung derselben in seinem konkreten Lebensbereich allein durchkommen kann. Das psychotherapeutische Partnerverhältnis erweist sich alsdann als eine Vorform der wiederaufzunehmenden personalen und damit verantwortlichen Beziehung zur Gemeinschaft.« (*Trüb* 1947, S. 13f)

Kohut (1984) hat sehr viel später in einem posthumen Werk die Frage gestellt: »Wie heilt die Analyse?« Seine Antwort: Durch die empathische Aktivität des Analytikers. *Trüb* ist fast vierzig Jahre früher sehr viel weiter gegangen. Seiner Meinung nach liegt die Ursache der Heilung in der dialogischen Beziehung als der Basis sowohl für die Exploration des Innerpsychischen als auch für die Festigung der Fähigkeit zu echter Bezogenheit, damit der Klient wirkliche, bedeutungsvolle Beziehungen mit anderen eingehen kann. Das ist eine schwere Aufgabe, die sich nicht ohne Mißgriffe und Fehler erfüllen läßt. Aber Menschen werden nicht allein durch die Entwicklung der Individualität zu Personen, sondern durch die Öffnung für andere und die Bereitschaft, das »Ja« des anderen zu hören: die Bereitschaft, die Fülle des anderen, die uns erfüllt, ganz zu empfangen. Das Streben nach dem »Selbst« ist nicht das Ziel an sich, weil wir unser Selbst eher in der Bezogenheit auf andere entdecken und erfüllen.

Trüb hat sich im wesentlichen auf zwei Phasen der Therapie, die dialektisch-innerpsychische und die dialogisch-interpersonale, beschränkt. Obwohl er ein sehr spirituell orientierter Mensch war und sich für die spirituelle Dimension interessierte, hat er dem Wirkungskreis der Therapie die spirituellen oder »transpersonalen« Aspekte unserer Existenz nicht zugeordnet. Seine Schriften allerdings sind spürbar von einer spirituellen Sensibilität durchdrungen. Die neuere Bewegung für transpersonale Psychotherapie hat m. E. vielen Therapeuten dazu verholfen, diese Dimension als legitimen und integralen

Teil ihrer Arbeit zu sehen. Allerdings taucht dieser Aspekt in der Regel erst nach dem Ende der ersten zwei Phasen der Therapie auf, meist bedingt durch die dialogisch-interpersonale Phase. Im folgenden Kapitel werde ich diesen Bereich, der den meisten Lesern weniger vertraut sein dürfte als der innerpsychische und interpersonale, näher vorstellen.

Anmerkungen

1) *Trüb* 1952, S. 116

2) *Brice*, persönl. Mitteilung 1988.

3) Vgl. die Arbeiten von *Kohut* sowie *Atwood* und *Stolorow*.

4) Vgl. auch *J. F. T. Bugenthal* 1976, S. 137.

5) Unglücklicherweise sind die meisten Schriften *Trübs* vergriffen. *Maurice Friedman* (1985b/1987) hat sich ausführlich mit seinem Werk beschäftigt.

6) Zu *Trübs* Lebzeiten entsprach der Begriff »Psychologie« im wesentlichen dem Innerpsychischen. Um den interpersonalen Bereich zu betonen, sprach er von »anthropologischer« Psychotherapie als Äquivalent zu »dialogisch«: »Wir nennen den geforderten Gesichtspunkt einen 'anthropologischen' in dem Sinne, daß er den ganzen Menschen, nicht nur seinen psychischen Bereich, ins Auge faßt« (1952, S. 19). Er nennt die Wegbereiter für seinen anthropologischen Ansatz: »Indem ich von 'Anthropologie' im angedeuteten Sinne sprach, darf ich mich dankbar berufen auf namhafte Wegbereiter wie: Martin Buber, Franz Rosenzweig, Ferdinand Ebner, José Ortegay Gasset, Rudolf Pannwitz, Karl Jaspers, Viktor von Weizsäcker, Ludwig Binswanger, Ernst Michel, Eugen Rostock und — in gewissem Sinne als die Väter all dieser: auf Blaise Pascal und Sören Kierkegaard« (1952, S. 39).

7) Vgl. auch *Greenson* (1978): The 'Real Relationship' Between the Patient and the Psychoanalyst.

8) Vgl. die Erörterung des Begriffs »Bestätigung« in Kap. 4.

9) Vgl. Kapitel 8.

10) *Friedman*, Der heilende Dialog in der Psychotherapie, vor allem Kap. 13: Das Unbewußte als Grundlage des Körperlichen und des Seelischen, und Kap. 14: Dialog mit Träumen. Interessant sind in diesem Zusammenhang auch *Merleau-Pontys* »Working Notes« zu »ontologischer Psychoanalyse« (S. 270), dem Unbewußten (S. 180) und Träumen (S. 262).

6.

Die spirituelle Dimension
der Psychotherapie

»Jedes geeinzelte Du ist ein Durchblick zu ihm (dem ewigen Du). Durch jedes geeinzelte Du spricht das Grundwort das ewige an.«

Martin Buber[1]

1. Der sozialgeschichtliche Kontext

In diesem Kapitel geht es um die (eher vorläufige als definitive) Betrachtung der Dimension, die die bisher behandelten innerpsychischen und interpersonalen Bereiche der Therapie vertieft und sich durch sie manifestiert: die spirituelle oder im heutigen psychologischen Sprachgebrauch die »transpersonale« Dimension. Gemeint ist damit im wesentlichen die Überzeugung (manche würden sagen, die Erfahrung), daß unsere Existenz im Spirituellen gründet und von ihm durchdrungen ist und wir demnach keine isolierten Wesen, sondern als Teil des größeren Ganzen der Existenz unauflöslich miteinander verbunden sind. In vielen östlichen Religionen und in der mystischen Tradition des Westens ist diese Bewußtheit verankert.

Der Begriff »transpersonal« meint »jenseits der Grenzen des Individuums«. Das heißt aber *nicht* etwa, daß *das Personale unterdrückt werden müßte*. Es gibt keine transpersonale Erfahrung ohne personale Erfahrung. Die Bereiche »jenseits« des Personalen können nur *durch* das Personale erlebt werden. Darauf muß immer wieder nachdrücklich hingewiesen werden, weil viele Menschen versuchen, das Personale zu »transzendieren«, ohne die eigene Person wirklich entwickelt zu haben! Durch den »Sprung« auf eine andere Ebene des Seins versuchen sie, die personalen Probleme zu überwinden. *Welwood* (1984, S. 64) nannte das einen »sprituellen Seitenweg«.

Der Begriff des »Transpersonalen« meint auch keineswegs, daß man sein Ich »loswerden« sollte. Auch das ist ein weitverbreitetes Mißverständnis. *C. G. Jung* hat darauf hingewiesen, daß wir in der zweiten Lebenshälfte lernen können, das Ich-Bewußtsein *in* einen größeren Kontext zu stellen. Paradoxerweise kann aber gerade nur ein sehr starkes Ich die Bereitschaft und Motivation für die dazu notwendige disziplinierte Arbeit aufbringen. Es ist ganz falsch, anzunehmen, Menschen mit wenig entwickeltem Ich könnten die transpersonale Dimension leichter explorieren. *Wilber* (1982) bezeichnet das als »Prä/trans-Irrtum«, d. h. die Verwechslung des Stadiums von »prä-Ego«, in dem das Ich noch nicht entwickelt ist, mit dem »trans-Ego«-Stadium, also einem Zustand jenseits des Ichs. Der Versuch, z. B. einem Präadoleszenten, der noch nicht die Möglichkeit hatte, sein ganz eigenes Identitätsgefühl auszubilden, ein transpersonales Bewußtsein überzustülpen, führt zu Identitätsdiffusion und im Extremfall zur Psychose. Denn Psychose heißt nichts anderes als unzureichende Ich-Grenzen. Erst wenn ein starkes und stabiles Identitätsgefühl vorhanden ist, kann man ungefährdet in die beängstigenden, aber sehr viel weiteren Bereiche des Bewußtseins vordringen.

Die Unterdrückung des Spirituellen

Freud hat das Bewußtsein des 19. Jahrhunderts durcheinandergebracht, als er auf die Unterdrückung der Sexualität, die seine Zeit beherrschte, hinwies. Aber *er hat damit gleichzeitig den Bruchteil eines sehr viel größeren Problems für das Problem selbst gehalten.* Der Mann[2] des 19. Jahrhunderts betrachtete sich selbst gern als hauptsächlich rationales Wesen: Er glaubte, alle Probleme seien durch Vernunft und Willenskraft lösbar. Die Konsequenz war die Unterdrückung der ontologischen oder spirituellen Grundlagen der Existenz, der Verbundenheit mit einem sehr viel umfassenderen, nichtrationalen Wirklichkeitsgefühl — mit etwas letztlich Unbenennbarem. *Freud* hat dazu beigetragen, das Bild des rationalen Mannes zu zerstören. Er hatte insofern recht, als gerade die Sexualität uns die Bewußtheit vermittelt für die primitive Verankerung unserer Existenz in etwas, das viel umfassender ist als wir und gewiß viel umfassender als unsere Ich-Identität oder unser rationales Bewußtsein.

Das ist für das rational orientierte Ich des modernen Menschen, der sich so lange mit der Ablösung von den Eltern und der Arbeit an einer eigenen, gesonderten Identität[3] beschäftigt hat, sehr bedrohlich. Aber Getrenntheit und Identität bleiben sehr zerbrechlich. Die Angst, sich in einer Beziehung zu einem anderen oder zu einem größeren Ziel zu verlieren, ist in unserer Gesellschaft überwältigend.

Dieses brüchige Identitätsgefühl, diese ontologische Unsicherheit ist ein wesentlicher Grund für die Überbetonung der Getrenntheit in der westlichen Gesellschaft. Wenn die Angst vor dem Verlust der Getrenntheit so groß ist, muß man ständig auf der Hut sein, um sie zu sichern. Nur durch die extreme Betonung seiner Getrenntheit kann der moderne Mensch sich seiner Individualität sicher fühlen. *Aber diese Überbetonung fordert einen hohen Preis.* Gerade in unserer Gesellschaft wird es immer schwieriger, eine bedeutungsvolle Beziehung aufrechtzuerhalten — das zeigt sich z. B. an der extrem hohen Scheidungsrate. Und sie führt auch in hohem Maße zu Entfremdung, weil der Einzelne nicht nur von anderen, sondern auch von einem tiefen spirituellen Urquell abgeschnitten ist. Mit steigender Entfremdung entsteht Apathie, ein Abstumpfen unserer Existenz. Die Ironie liegt darin, daß wir in dem Maß, wie wir unsere Getrenntheit überbetonen statt unserer Einzigartigkeit, wir wie alle anderen werden und uns depersonalisieren[4].

Das Gefühl für das Spirituelle läßt sich jedoch nicht völlig unterdrücken und manifestiert sich immer auf irgend eine Weise. In unserer Kultur zeigt es sich ironischerweise in dem Streben nach Materiellem: Der Erwerb möglichst vieler materieller Güter ist der kleinste gemeinsame Nenner für die Teilhabe an einem breiteren Realitätsgefühl. Die Gleichung lautet: Je mehr man kauft, desto besser ist man. Persönlicher Erfolg wird mit finanziellem Erfolg gleichgesetzt.

Auch die Angst, die den einzelnen wie die Gesellschaft heute beherrscht, läßt sich auf die Unterdrückung des Spirituellen zurückführen. Wenn Menschen ohne Beziehungen zu anderen und ohne Gefühl für eine umfassendere Wirklichkeit sind, kommt es zwangsläufig zu Angst und Leeregefühlen. Durch die psychische Isolation entsteht eine Lücke, die gefüllt werden will. Da sie nicht mit dem gefüllt werden kann, wonach sie verlangt, muß ein Ersatz her. Aber der Ersatz (Geld, Drogen, Sex, auch Fernsehen) schafft nur weitere Sehnsucht.

Freud hat sich auch geirrt, als er das Unbewußte ganz und gar mit dem persönlichen Unbewußten gleichsetzte. *Jung* kommt da der »Annahme«, daß jeder Mensch eine Verkörperung des Seins sei, schon näher. Das persönliche Unbewußte wird dann als Teil des undifferenzierten Unbewußten des Seins betrachtet. Vielleicht binden wir uns als »Abwehr« um so stärker an gegenständliche *Dinge*, je mehr wir uns »unbewußt« vor einer Überwältigung durch das ungreifbare Sein fürchten. Wir klammern uns an Dinge wie an Felsen im überwältigenden Meer des Seins, aus Angst, von seinen bedrohlichen Wellen weggespült zu werden. Wir haben Angst davor, auch noch den letzten Rest des Gefühls von Selbstbestimmung zu verlieren, das wir erworben haben. Der Gipfelpunkt menschlicher Entwicklung, das Bewußtsein, ist nur eine kleine Insel im weiten Meer des Seins, Sexualität nur eine, aber sehr manifeste Form des primitiven Unbewußten — ein »wildes Sein« (*Merleau-Ponty* 1968). Zwar hat *Freud* die numinose Macht der Sexualität gespürt, aber die Tiefe menschlicher Erfahrung und die Beziehung zum Sein, die sie uns anbietet, läßt sich wohl nur mit einer »ontologischen Psychoanalyse« (*Merleau-Ponty* 1968, S. 270) adäquat ausloten[5].

Und doch kann dieses unermeßliche Unbewußte nicht in rohem Unwissen und Sprachlosigkeit verharren. Das Bewußtsein will seiner selbst bewußt werden, sich selbst verstehen. So schafft es den Menschen als Vehikel der Bewußtwerdung (*Heidegger* 1962; *Jung* 1961; *Merleau-Ponty* 1968). Sicher manifestiert sich Bewußtsein »im« Individuum, aber das Sein kommt am tiefsten im Dialog *zwischen* und *unter* den Menschen und in der menschlichen Gesellschaft zur Erkenntnis. Andere Zivilisationen haben sich dafür der Mythen und Religionen bedient. Bei uns sind *Szientismus* und *Materialismus* trotz des immer noch vorhandenen Einflusses der organisierten Religion, die eigentlichen »Religionen«, mit deren Hilfe wir unbeholfen versuchen, unseren Ort in der Natur zu erklären. Richtiger wäre es allerdings, sie als »dysfunktionale« Umgangsweisen mit unserer Verankerung in einer umfassenderen Realität zu bezeichnen.

Der menschliche Geist läßt sich mit rationalistischen Begriffen nicht fassen, viel weniger ansprechen. Bereits der Versuch schadet unserer Existenz und verstärkt das Gefühl von Entfremdung und Isolation, das schon jetzt die Substanz zeitgenössischen Lebens ausmacht. Ein Leben ohne spirituelle Elemente ist ein abgestumpftes Leben. Wir hängen so sehr an unseren rationalen und wissenschaftlichen Tätigkeiten, daß wir das ursprünglichste aller »Wunder« vergessen haben: *daß wir existieren*. Das Faktum *unseres Seins* stellt alles, was Menschen erreichen können, weit in den Schatten.

Trotzdem bleibt immer ein Rest von spiritueller Verbundenheit. Die moderne Welt bemüht sich verzweifelt, die Bewußtheit von diesem wesenhaften Aspekt menschlicher Existenz zu unterdrücken, aber das wird nie ganz gelingen. Der menschliche Wille, der letztlich ein individualisierter Aspekt des Spirituellen ist, kann diese Bewußtheit niemals vollständig verdrängen, weil das Wunder des Lebens und des Bewußtseins zu offenkundig ist.

Das Zeitalter des Willens

Die dominierenden Merkmale der Moderne sind Rationalität und Willkür. Willkür ist die Hybris des modernen Menschen, der Stolz, der eine Zeitlang das Ich aufbläht, letztlich aber zur Selbstzerstörung führt. Daran hat sich seit den Tagen der griechischen Antike nichts geändert, es gilt heute noch, nicht nur auf der individuellen Ebene, sondern stärker noch auf der gesellschaftlichen. Die höchst gefährliche Möglichkeit der nuklearen Vernichtung ist dabei nur das dramatischste Symbol für die Hybris des modernen Mannes[6].

Auch die moderne Stadt, der »Gipfel« des technischen Fortschritts, fördert Egoismus, Arroganz und Willkür, weil gerade sie zu der Auffassung beiträgt, alle Hindernisse der Natur könnten vom Menschen überwunden werden. Für den unreflektierten Zeitgenossen ist die Natur nur ein Objekt, das im Dienste des Menschen ausgebeutet werden kann: eine ungeheuer egozentrische und kurzsichtige Sicht unserer Beziehung zur Natur. Es geht nicht darum, die Natur zu überwinden, sondern um ein ausgeglichenes, ökologisches Leben mit der Natur. *Wir brauchen das Wissen, das uns die Natur über das Leben vermitteln kann, so wie die Natur uns braucht, um zum Bewußtsein zu kommen!*

Wille und Willkür

Willkür ist ein zentrales Motiv unserer Gesellschaft (*May* 1969/ dtsch. 1988). *Farber* (1976) hat darauf hingewiesen, wie wichtig die Unterscheidung zwischen Wille und Willkür ist. Man kann zum Beispiel einschlafen »wollen«, aber man kann es nicht *willkürlich* herbeiführen. Es gibt sogenannte »Pop«-Religionen, die den Eindruck erwecken, der Mensch müsse einfach seinen Willen an eine größere Macht abgeben, die dann schon für alles sorgen werde. Ich habe in Südkalifornien mit einigen Klienten gearbeitet, denen gesagt worden war, sie müßten sich nur »dem Universum anheim stellen«, dann wären all ihre Bedürfnisse in den besten Händen — eine extrem naive und einseitige Auffassung vom Universum und von unserer Beziehung zu ihm! Aber diese Haltung ist auch ein verständliches Gegenbild zu dem Motto der westlichen Kultur: »Wo ein Wille ist, ist auch ein Weg.« Dies ist nicht weniger naiv, insofern es ein Versuch ist, den recht schwachen individuellen Willen dem ungeheuer vielfältigen Bereich des Lebens überzustülpen.

Die Kunst, den eigenen Willen mit dem Lauf des Universums in Einklang zu bringen, ist Bestandteil des Lebens. *Rollo May* nennt das die Spannung zwischen »Freiheit und Schicksal« (1981). Entscheidung und Verbindlichkeit gehören genauso zum Leben wie das *Akzeptieren* dessen, was nicht verändert werden kann. Es ist nicht immer leicht, zwischen diesen Polen zu unterscheiden. Keiner der beiden Pole reicht für ein gesundes Leben aus. Sie müssen integriert werden, auch wenn das Gleichgewicht in einer bestimmten Situation schwer zu bestimmen ist. *Das wesentliche Merkmal eines gesundes Leben ist vielleicht die Suche nach diesem Gleichgewicht und nicht, es zu finden.*

Dieser Ansatz macht einen radikalen Wechsel in der Einstellung erforderlich: *die Achtung vor dem, was ist.* Das ist zunächst beängstigend, weil die meisten Menschen lange um ein Identitätsgefühl gerungen haben, das Perspektiven und Urteile möglich macht. Dieser anfangs gewiß notwendige Egoismus stört aber mit zunehmender Reife die innerste Entwicklung. *Wir haben uns von der eigenen Willkür verführen lassen.* Jetzt müssen wir unseren Egoismus durch Demut und Achtung ersetzen oder zumindest ausgleichen, denn Willkür kann bestenfalls vorübergehend Befriedigung verschaffen.

Die Wiederentdeckung des Spirituellen

Es gibt in der zeitgenössischen Gesellschaft ein neuerwachtes Bedürfnis nach dem »Heiligen«. »Heilig« bezieht sich hier nicht auf eine bestimmte religiöse Überzeugung, sondern auf die »Öffnung« für das, was über uns hinausreicht. Die Verdrängung des Heiligen, der verlorene Kontakt zu ihm hat wesentlich zu dem gegenwärtigen gefährlichen Zustand der Welt beigetragen. Aus der Abwesenheit des Heiligen erwachsen auch die Gefahren des Individualismus, der zu vereinfachten Konzepten von Gut und Böse mit ihren Feindbildern nach dem Motto »Wir gegen die Anderen« führt. Der Kontakt mit dem Heiligen macht uns bewußt, daß es viel mehr Gemeinsamkeiten als Unterschiede zwischen den Menschen gibt. Aber in unserer Gesellschaft zeigt sich das Gefühl für das Heilige, wenn auch zerstreut und verwässert, nur noch in der »religiösen« Verehrung von Materialismus, Technokratie und Szientismus. Das Spirituelle bietet den Kontext, in dem die scheinbare Bedeutungslosigkeit der individuellen Handlungen Bedeutung gewinnt. Viele Menschen kommen in die Therapie, weil sie ihr Leben als sinnlos betrachten. Diese Sinnlosigkeit kann zumindest teilweise aufgehoben werden, wenn sie ihr Leben als Verkörperung des Spirituellen zu betrachten lernen. Sinn ist keineswegs nur vom eigenen Handeln abhängig, obwohl Handlung notwendig ist, um das uns gegebene Rohmaterial zu »formen«. Allein die Tatsache, daß wir leben, atmen, daß unser Herz schlägt, ist ein Wunder, und *dieses Wunder geschieht in uns*. Eine solche Haltung wundersamen Staunens fehlt in unserer Kultur völlig, *und das bedeutet eine Verarmung der Seele*. Der menschliche Geist kann nur wachsen, wenn er Nahrung von etwas Größerem erhält. *Die menschliche Begrenztheit macht uns offen für das Grenzenlose.*

Ich-Du und Ich-Es

Die Überbetonung der Ich-Es-Haltung in unserer Kultur, die Fixierung auf die objektive Dimension der Existenz, die zu einer Objektivierung des Selbst und der anderen führt, macht den Kontakt zu einem umfassenderen Seinsgefühl so schwierig. Solange wir uns hauptsächlich darum kümmern, wie wir die anderen für unsere eigenen Zwecke *benutzen* können, bleibt nur wenig Raum für eine Ich-Du-Beziehung und für eine Bewußtheit von einem umfassenderen Seinsgefühl. Die Ich-Es-Orientierung ist eine zwar sichere, aber extrem einge-schränkte Art zu leben, die nur ein Minimum an emotionalen Risiken erforderlich macht. Sie ist ungefährlich, aber emotional unbefrie-digend.

Dialogische Psychotherapie ist in einem umfassenden spirituellen Ansatz verankert, was nicht heißen soll, daß sie sich einer bestimmten religiösen Überzeugung verpflichtet fühlt. Ihr Ausgangspunkt ist die Überzeugung, daß jeder Dialog im Dialog mit dem Sein wurzelt und aus ihm erwächst. Besonders bei *Buber* wird deutlich, daß man das Spi-rituelle nicht erlebt, indem man die irdische Realität hinter sich läßt, sondern daß der Eintritt in den spirituellen Bereich durch die Ich-Du-Begegnung mit einer »Anderheit« geschieht. Diese »Anderheit« kann eine Person sein oder die Natur selbst (*Buber* 1923). Die Verbunden-heit, die wir im Augenblick der Ich-Du-Begegnung erleben, verbindet uns mit dem »Ewigen Du«. Solche Augenblicke tiefer personaler Be-gegnung tragen uns an die Schwelle des Heiligen. Wenn wir auf sie ach-ten, ermöglichen sie uns die Begegnung mit einer »Anderheit«, die uns im tiefsten Wesen berührt. »In jeder Sphäre, durch jedes uns gegenwär-tig Werdende blicken wir an den Saum des ewigen Du hin, aus jedem vernehmen wir ein Wehen von ihm, in jedem Du reden wir das ewige an, in jeder Sphäre nach ihrer Weise« (*Buber* 1923, S. 13).

Schon der Fokus auf der Ich-Du-Beziehung, auf dem »Zwischen« führt uns über die engen Belange unseres »Ichs« hinaus, erweitert das Bewußtsein und das Gespür für unseren Ort im Universum.

> »Geist in seiner menschlichen Kundgebung ist Antwort des Menschen an sein Du… Geist ist nicht im Ich, sondern zwi-schen Ich und Du. Er ist nicht wie das Blut, das in dir kreist, sondern wie die Luft, in der du atmest. Der Mensch lebt im Geist, wenn er seinem Du zu antworten vermag. Er vermag es, wenn er in die Beziehung mit seinem ganzen Wesen eintritt. Ver-möge seiner Beziehungskraft allein vermag der Mensch im Geist zu leben.« (*Buber* 1923, S. 49)

Diese Auffassung unterscheidet sich radikal von der platonisch beeinflußten Auffassung unserer Kultur, nach der das Spirituelle den Menschen, den Alltag und das Weltliche *transzendiert*. Für *Buber* ist diese Auffassung verfehlt: »Der Mensch kann dem Göttlichen nicht nahekommen, indem er über das Menschliche hinauslangt; er kann ihm nahekommen, indem er der Mensch wird, der zu werden er, dieser einzelne Mensch da, erschaffen ist« (1963, S. 947). Es ist also unsere Aufgabe, der Mensch zu werden, als der wir geschaffen wurden. Natürlich ist es nie leicht, wirklichen Kontakt mit dem eigenen Schicksal zu bekommen (*May* 1981); aber entscheidend ist das Bemühen um den Kontakt mit dem, was für unsere Existenz *zentral* wichtig ist. Dieses Bemühen macht das wahre Menschsein aus und bringt uns paradoxerweise wirklich in Kontakt mit dem Unendlichen.

Das Spirituelle heißt also nicht, unsere konkreten Grenzen zu transzendieren, sondern sie *anzunehmen und zu transformieren.* Wir müssen uns mit den menschlichen Grenzen konfrontieren und sie verwandeln, aber gerade nicht in selbstauferlegter Isolierung, zurückgeworfen auf unsere eigenen Hilfsmittel. *Wir sind in Gemeinschaft mit anderen, die sich genauso bemühen wie wir.* Der immer tiefere Dialog mit anderen ermöglicht uns, über unsere Endlichkeit hinauszugehen.

> »Das menschliche Leben rührt an die Absolutheit durch seinen dialogischen Charakter, denn trotz seiner Einzigartigkeit kann der Mensch, wenn er auf seinen Grund taucht, nie ein Sein finden, das in sich ganz ist und als solches schon an das Absolute rührt; nicht durch ein Verhältnis zu seinem Selbst, sondern nur durch ein Verhältnis zu einem anderen Selbst kann der Mensch ganz werden. Dieses andere Selbst mag ebenso begrenzt und bedingt sein wie er, im Miteinander wird Unbegrenztes und Unbedingtes erfahren.« (*Buber* 1962, S. 365)

Martin Buber war stark von der mystischen jüdischen Bewegung des Chassidismus beeinflußt. Der Chassidismus hat ihn offenbar besonders gefesselt, weil er einen Weg zeigt, das Spirituelle in den Alltag zu integrieren, anstatt die beiden Dimensionen, wie in der Moderne üblich, als völlig getrennt anzusehen. Er sah im Chassidismus ein Korrektiv für die übermäßige Objektivierung unserer Zeit mit ihrer geistigen und materiellen Habgier, der es an essentieller Bezogenheit auf die Welt mangelt und die das Heilige von dem Profanen abspaltet.

> »In dem Leben, wie der Chassidismus es meint und verkündet, gibt es demgemäß keinen Wesensunterschied mehr zwischen heiligen und profanen Räumen, zwischen heiligen und profanen Zeiten, zwischen heiligen und profanen Handlungen, zwischen heiligen und profanen Gesprächen. An jedem Ort, zu jeder Stunde, in jedem Tun, in jeder Rede, kann das Heilige erwachen«. (*Buber*, 1963, S. 940)

Oder in den knappen Worten von *Maurice Friedman*: »...das Profane ist das noch nicht Geheiligte« (1958, S. 16). Jede Handlung, jedes Ding kann potentiell geheiligt werden, wenn man ihm mit Ehrfurcht begegnet. *Buber* sieht im Widerstand gegen den Eintritt des Heiligen, des Spirituellen, in die Alltagsexistenz eine wichtige »Ursache« für die heute vorherrschende Entfremdung. »All diesem Verhalten des heutigen Menschen stellt der Chassidismus die simple Wahrheit entgegen, daß die Heillosigkeit unserer Welt in ihrem Widerstand gegen den Einzug des Heiligen in das gelebte Leben begründet ist« (1963, S. 945).

Das Korrektiv für diesen Widerstand ist, in der Terminologie der Chassidim, die »Heiligung des Alltags«; d. h., das »Gewöhnliche« kann durch die Aufmerksamkeit für das Geheimnisvolle auch der weltlichen Facetten des Lebens »geheiligt«, also in seiner Verbundenheit mit dem Spirituellen sichtbar gemacht werden.

> »'Gott wohnt, wo man ihn einläßt', sagt ein chassidischer

Spruch; die Heiligung des Menschen bedeutet dieses Einlassen. Im Grunde ist somit in unserer Welt das Heilige nichts anderes als das dem Göttlichen Offene, wie das Profane nichts anderes ist als das sich ihm vorerst noch Verschließende, und Heiligung ist Erschließung.« (*Buber* 1963, S. 939)

Es gibt einen wunderschönen chassidischen Mythos, der erklärt, daß es in allem, besonders im Menschen, eine Schwingung oder Lebendigkeit gibt, die aber »gefangen« ist. Zu Anbeginn der Zeiten war alles Leben (die heiligen Funken) in großen »Weltgefäßen« enthalten. Aber die Schwingungen liefen über in die Welt: »Beim 'Zerbrechen der Weltgefäße', die in der Vorschöpfung dem schöpferischen Überfluß nicht standzuhalten vermochten, sind Funken in alle Dinge gefallen und sind nun in sie gebannt, bis je und je ein Mensch mit einem Ding in Heiligkeit umgeht, und so die Funken, die es birgt, befreit« (*Buber* 1963, S. 941). Aber es gibt auch eine bestimmte Verkrustung, wenn die Funken in unabhängigen Wesen wohnen:

> »Die Welt ist ein Abglanz Gottes, aber weil ihr die Unabhängigkeit des Seins und des Strebens verliehen ist, neigt sie dazu, immer und überall eine Verkrustung um sich zu bilden. Ein göttlicher Funke wohnt in allen Dingen und allem Sein, aber jeder dieser Funken ist von einer trennenden Schale eingeschlossen. Nur der Mensch kann ihn befreien und ihn mit dem Ursprung verbinden; indem er ein heiliges Gespräch mit dem Ding führt und es auf heilige Weise benutzt, d. h., daß seine Absicht dabei auf die Transzendenz Gottes gerichtet bleibt. So taucht das allem innewohnende Göttliche aus dem Exil der 'Schalen' auf.« (*Buber*, Einleitung zu »Der Weg des Menschen«; rückübersetzt)

Mich fasziniert immer wieder, wie lebendig bei manchen Menschen einzelne Körperteile, besonders die Augen, die »Fenster der Seele«, sein können, und wie abgestumpft diese Lebendigkeit in anderen Körperteilen, und somit auch in der Persönlichkeit, ist — als ob die Seele durch die Augen scheint und etwas zeigt, das diese Person zu unterdrücken gelernt hat.

Dieser Mythos scheint mir eine gute Metapher für die Therapie zu sein, in der es ja wesentlich darum geht, dem Klienten dazu zu verhelfen, mit dieser »inneren Lebendigkeit« Kontakt aufzunehmen, sie sichtbar werden zu lassen und sie zu verkörpern. *sich heilgen!*

Das kann man durchaus als spirituelle Aufgabe begreifen: das Bemühen, die »heiligen Funken zu befreien«, die in uns allen eingesperrt sind. Nötig ist eine dialogische Haltung, die dort beginnt, wo der Klient existentiell steht, in seiner Lebendigkeit wie in seiner »Abgestumpftheit«, und die versucht, die verletzlichen inneren »Bereiche« zu »berühren«. Das »Entzünden der Funken« beginnt mit der Bewegung zu größerer Gegenseitigkeit, wobei natürlich eine gewisse Bereitschaft des Klienten, sich darauf einzulassen, Voraussetzung ist. Wenn dieser Prozeß einmal in Gang gekommen ist, führt er fast ein Eigenleben.

2. Konsequenzen für die Psychotherapie

> »...Konflikt entsteht, wenn man den Bauchnabel des anderen lobt oder kritisiert.«
>
> *Joshu Sasaki Roshi*[7]

Die Frage, wie sich der transpersonale Ansatz im therapeutischen Prozeß einsetzen läßt und welche konkreten Themen dabei auftauchen, wird häufig gestellt. Die Antwort ist deshalb nicht leicht, weil sich die transpersonale Dimension ihrer Natur nach in Worten nur schwer beschreiben läßt, aber es gibt doch einige Aspekte, die angesprochen werden können.

Das »Zwischen«

Bereits die Erkenntnis, daß in der Therapiesituation mehr gegenwärtig ist als nur die Summe der physisch anwesenden Individuen, bedeutet die Erkenntnis von etwas »mehr als dem Personalen« (*Welwood* 1983, S. xii); es ist bereits die Einsicht, daß die Ich-Grenzen für viele Menschen zu eng sind und erweitert werden müssen. Damit fällt ein Teil der Last, die »Antwort« für den Klienten finden zu müssen, vom Therapeuten ab, weil er häufig einfach mit dem Klienten in diesem »Zwischen« sein muß. Aus dem Zwischen entsteht die »Antwort«. Das heißt aber, daß er sich nicht in der Falle seines Bedürfnisses zu »heilen« fängt. In gewissem Sinne muß sich der Therapeut weitestmöglich von den Bestrebungen seines Ichs freimachen — was aber nie ganz gelingen kann. Es kommt also auf den Grad an, und mehr noch auf das Bemühen, sich zunehmend von den Ichbedürfnissen zu lösen. Das ist nicht leicht und soll auch nicht leicht sein, weil gerade der Kampf mit diesen Schwierigkeiten zu einer stärkeren Verbundenheit mit dem Klienten und mehr Verständnis und Mitgefühl für seine Kämpfe führt. Im »Zwischen« sein bedeutet Auseinandersetzung auf beiden Seiten, nicht gegeneinander, sondern füreinander.

Die Gegenwärtigkeit des Therapeuten und das Hier und Jetzt

Ein spirituell-meditativer Therapieansatz braucht möglichst volle Gegenwärtigkeit in der Therapiesituation, das bedeutet, in jedem Augenblick bei dem zu bleiben, was gerade auftaucht. Der Therapeut darf also in der Situation nicht darüber urteilen, was der Klient gerade bearbeiten oder in welche Richtung die Therapie eigentlich gehen sollte. Genau das ist gemeint, wenn *Buber* von der »Heilung des Alltäglichen« spricht, d. h. das »ewige Jetzt«, die spirituelle Dimension jedes Augenblicks, egal wie profan er erscheinen mag. *Die wirkliche Gegenwärtigkeit ist schon Heilung*, sie unterstreicht die Verbundenheit mit dem Sein.

»Die mystische Natur der alltäglichen Erfahrung wird sichtbar, wenn wir uns des Geschehens im einzelnen Augenblick wirklich bewußt sind, anstatt uns auf die gewöhnlichen, Ich-konzentrierten Belange zu fixieren. Alles und jedes kann zur Gelegenheit werden, einen intensiven Blick auf die Wirklichkeit der anderen Seite unserer normalerweise umwölkten und zerstreuten Wahrnehmung zu werfen. In solchen Momenten können wir uns einer Schärfe oder Leuchtkraft unserer Welterfahrung bewußt werden — ein Blatt wird plötzlich hell, grün, »Blatt« in einer neuen Art und Weise, die aber gleichzeitig »nichts Neues« ist, ganz und gar gewöhnlich. Es ist immer noch ein Blatt, aber die Tiefe der Offenheit für die Erfahrung hat sich verändert. In solchen kleinen Momenten des Erwachens erhaschen wir einen flüchtigen Blick auf die Tatsache, daß wir im Grunde nicht vom Lebensganzen getrennt sind. Wir entdecken die Welt in uns selbst, und uns in der Welt.« (*Welwood* 1979, S. XIV)

Wenn der Klient diese »heiligende« Gegenwart des Therapeuten erkennt, hilft ihm das, sich für die eigene Erkenntnis des »ewigen Jetzt« zu öffnen. Diese Öffnung an sich *bedeutet bereits »ganz machen«.*

Mit sich selbst beginnen, aber nicht daran haften

Sobald der Klient nicht mehr auf die Identifikation mit seinem individuellen »Selbst« fokussieren muß, sondern sich für ein umfassenderes »Selbst«-Gefühl öffnen kann, wird er allmählich erkennen, daß der bisherige überwiegende Fokus auf das individuelle »Selbst« nicht Endzweck und Ziel der Therapie sein kann. Denn andernfalls wäre Therapie ein extrem narzißtisches Unternehmen. Wesentliches Anliegen jeder wirklichen Therapie ist es, dem Klienten zu helfen, sich anderer Personen und ihrer eigenen Kontaktbedürfnisse bewußter zu werden. Der Fokus liegt nicht auf der permanenten Beschäftigung des Klienten mit sich selbst, sondern auf der Entwicklung einer Zentriertheit, die ihm erlaubt, sein Selbst zu »vergessen«. Auf dem Hintergrund der übertriebenen Selbstbezogenheit in unserer Zeit, von der *Buber* (1965b) und *Marcel* (1960/1962b) gesprochen haben, ist dies an sich bereits therapeutisch.

Zahlreiche psychotherapeutische Schulen lehren implizit das Nicht-Anhaften (z.B. die Psychoanalyse mit der freien Assoziation); aber anders als die östlichen Methoden der Meditation fokussieren bei uns nur wenige explizit darauf. Für manche Klienten kann es in bestimmten Therapiephasen durchaus angemessen sein zu lernen, ihre Gedanken und Taten zu beobachten, ohne an ihnen zu haften, um sich nicht immer wieder in unkontrolliertem Aktionismus zu verlieren (*Deikman* 1983).

Mitgefühl

Das Mitgefühl des Therapeuten für den Klienten verstärkt sich in dem Maße, wie seine Verbindung zur Wirklichkeit sich ausweitet. Sein Gespür für die Gemeinsamkeiten der Auseinandersetzung wächst, beide bemühen sich, jeder auf seine Weise, aber die Tatsache des Bemühens ist ihnen gemeinsam. Die Exploration des eigenen Seins durch den Meditationsprozeß fördert keineswegs etwa den Narzißmus des Therapeuten, wie *Walsh* betont:

> »Eines der am meisten befriedigenden Ergebnisse ist die größere Fähigkeit, das Leiden anderer lindern zu helfen. Es ist klar geworden, daß man auf der tiefgehenden Suche nach Verständnis und Wachstum nicht für sich allein erfolgreich sein kann. Diese Art von Exploration führt trotz aller populären Vorurteile nicht zu narzißtischer Selbstbeschäftigung und Selbstsucht, sondern eher weg davon. Natürlich bringen wir unsere selbstsüchtigen Gewohnheiten und Neurosen mit, wenn wir uns auf den Weg machen, und es gibt Phasen von Egoismus und Ich-Aufblähung, in denen mancher von uns lange steckenbleibt. Aber man sollte einen Abschnitt oder eine Falle auf dem Weg nicht mit seinem Ziel und seinen Möglichkeiten verwechseln und so den ganzen Weg für eine Falle halten.« (*Walsh* 1983, S. 119)

Die spirituelle oder ontologische Dimension ist für die Psychotherapie deshalb so wichtig, weil viele Schwierigkeiten aus einem zu eng und falsch definiertem Identitätsgefühl entstehen. Wir identifizieren das »Selbst« viel zu oft mit unserem Körper und unserem »Ich«. Natürlich sind das zentrale Aspekte des Selbst, aber sie sind nicht ausreichend. Wir sind auch Teil der »Einheit der Welt«. Ein zu eng definiertes Identitätsgefühl führt zu unglückseliger Willkür:

> »Durch die Erkenntnis einer über das individuelle und getrennte Sein hinausgehenden Tiefe der eigenen Identität kann man die Grenzen der individuellen und getrennten Neurose leichter überschreiten. Man ist nicht mehr ausschließlich mit seinem getrennten Selbst identifiziert und von daher nicht mehr exklusiv durch rein persönliche Probleme eingeschränkt. Furcht und Ängste, Depressionen und Zwänge können gewissermaßen aufgegeben und mit derselben Klarheit und Unvoreingenommenheit betrachtet werden, mit der man Wolken am Himmel oder die Strömung des Flusses betrachtet.« (*Wilber* 1979, S. 19)

Anmerkungen

1) *Buber* 1923, S. 91.

2) Hier rede ich bewußt nur von »Männern«, um zu unterstreichen daß das Konzept des rationalen Wesens hauptsächlich von *Männern* entwickelt wurde und sich auf sie bezog.

3) *Carol Gilligan* (1982), *Chris Downing* (1987) und andere gehen davon aus, daß die übermäßige Betonung der »Individualität« auf die Dominanz einer männlich orientierten Psychologie zurückgeht. Ihrer Meinung nach stellt sich die Frage der Trennung für Frauen weniger stark, weil es keinen Geschlechtsunterschied zur Mutter gibt. Es gibt gegenwärtig noch keine adäquate weibliche Psychologie, die die männlich dominierte Psychologie der westlichen Kultur ergänzen und integrieren könnte. Auch hier hat uns das östliche Denken vermutlich einiges zu bieten.

4) Diese Abstumpfung ist der Preis, den wir für unsere Trennung vom Sein zu zahlen haben (*Heidegger* 1962).

5) *Friedman* (1952) spricht in Bezug auf die dialogische Therapie von der Entfaltung der »Ontologie des Zwischen« in der Therapie.

6) Auch hier wird bewußt von »Männern« gesprochen, da die politischen und militärischen Entscheidungen, die uns an die Grenzen des Abgrunds geführt haben, von Männern getroffen wurden. Es bleibt abzuwarten, ob Frauen in diesen Positionen ein anderes Bewußtsein mitbringen. Bis jetzt hat die Mehrheit der Frauen die Gelegenheit zu solchen Entscheidungen noch nicht bekommen.

7) *Suzuki Roshi, Joshu* (1983, S. 71)

Das Dialogische Prinzip
in der Psychotherapie

»... die Regeneration eines verkümmerten Person-Zentrums... vermag
nur, wer mit dem großen Blick des Arztes die verschüttete latente Einheit
der leidenden Seele erfaßt.«

Martin Buber[1]

In diesem Kapitel soll kurz die psychotherapeutische Literatur vor-
gestellt werden, die von *Bubers* Philosophie des Dialogs beeinflußt
wurde. Besonderer Wert wird dabei auf das zentrale dialogische Motiv
gelegt, aus dem allmählich die Einsicht erwächst, daß die dialogische
Begegnung Grundlage, Prozeß und »Ziel« der Therapie ist.

Natürlich ist nicht jeder Autor, der von der dialogischen Dimension
der Therapie spricht, direkt von Buber beeinflußt. Viele haben das
»Zwischen« einfach durch die gewissenhafte Beschäftigung mit der
therapeutischen Begegnung von sich aus exploriert. Die meisten der
hier zitierten Autoren berufen sich direkt auf *Bubers* Werk und sehen
die »Ich-Du«-Erfahrung als wesentlichen Bestandteil ihrer Theorie
oder Praxis an. Einige haben das Dialogische *zur Grundlage des Lebens und der therapeutischen Begegnung* gemacht. Die Autoren, die
indirekt von *Bubers* Schriften beeinflußt wurden, sind so zahlreich,
daß schon ihre Aufzählung unmöglich wäre.

Bubers Hauptwerk, *Ich und Du (1923)* hat mehrere Generationen
von Therapeuten inspiriert. In seinen späteren Arbeiten hat er sich

auch mit der Anwendung der dialogischen Philosophie auf die Psychotherapie beschäftigt. Die meisten Therapeuten, die von ihm beeinflußt sind, haben sich allerdings darauf beschränkt, die Gedanken zum Ich-Du-Moment in die Therapie einzubeziehen, und die umfassenderen Konsequenzen einer dialogischen Philosophie nicht mit berücksichtigt.

Einer der Pioniere auf diesem Gebiet war der Jungianer *Hans Trüb*, der nach einer tief bewegenden Begegnung mit *Buber* über 10 Jahre hinweg seinen bisherigen therapeutischen Ansatz kritisch überprüfte. Er kam zu der Überzeugung, daß der psychotherapeutische Prozeß im »Zwischen«, in der Begegnung gegründet werden muß. Diesen Ansatz nannte er »Heilung aus der Begegnung« (*Trüb* 1952). Er unterschied zwei wesentliche Therapiephasen: die *dialektisch-innerpsychische* und die *dialogisch-interpersonale*. Es geht dabei nicht um zwei scharf voneinander abgegrenzte Bereiche, sondern um den jeweiligen Fokus in bestimmten Stadien der Therapie.

Maurice Friedman hat sich seit nunmehr über dreißig Jahren (1955, 1972a, 1975, 1976b, 1985a/dt. 1987) mit dem dialogischen Ansatz beschäftigt und ist heute der wichtigste Vertreter der Richtung, die die therapeutische Beziehung aus der dialogischen Perspektive betrachtet. Er hat zahlreiche scheinbar unvereinbare Gesichtspunkte in die Philosophie der »Heilung aus der Begegnung« integriert. In seinem jüngsten, herausragenden Buch »Der heilende Dialog in der Psychotherapie« (1985a/dtsch. 1987) hat er anhand der Untersuchung des dialogischen »Fadens«, der sich seit *Freud* durch die therapeutischen Schulen zieht, die umfassendste Geschichte des dialogischen Prinzips in den unterschiedlichen Therapieansätzen vorgelegt[2] und damit eine solide Grundlage für die Untersuchung der Psychotherapie in einem dialogischen Kontext geschaffen. *Friedman* hat sich auch mit den Konsequenzen dieses Ansatzes beschäftigt. So bewertet er das Unbewußte neu: nicht mehr nur als ein individuelles Unbewußtes, sondern als Phänomen, das *zwischen* Personen geschieht. Weitere Themen, die er aus der dialogischen Perspektive beleuchtet, sind Träume, Bestätigung, Schuld, Gegenseitigkeit und Umfassung.

Auf dieser Grundlage habe ich versucht, den dialogischen Gesichtspunkt in einen zusammenhängenden Rahmen zu stellen, der m. E. einen eigenen therapeutischen Ansatz konstituiert, den man am besten als »dialogische Psychotherapie«[3] bezeichnen kann. *DeLeo* (1984, 1985, 1987) trug zu diesem grundlegenden Bemühen bei und begann damit, die dialogische Perspektive in die Psychoanalyse zu integrieren. *Downing* (1987) hat untersucht, inwieweit sich die dialogischen Dimension für eine Revision der Psychologie der Frau und als Basis für die Entwicklung einer wirklich feministischen Psychologie eignet.

Es gibt kaum einen an der Existentialpsychologie orientierten Psychotherapeuten, der die »Ich-Du«-Beziehung nicht in die Therapie integriert hätte (z. B. *Binswanger* 1944; *von Weizsäcker* 1949; *May* 1958; *Farber* 1966, 1967; *Colm* 1966; *Laing* 1965; *Yalom* 1974, 1980). Ganz besonders wichtig ist *Bugentals* Arbeit (1976) über die Erfahrungen *zwischen* Klient und Therapeut. Unter dem Einfluß von *Friedmans* Arbeit (1985a) hat *Bugental* einige seiner damaligen Auffassungen revidiert. Hatte er bislang die Ursache der Heilung in der erweiterten Bewußtheit des Klienten gesehen, so geht er jetzt von zwei miteinander verbundenen Quellen der Heilung aus: der dialogischen Beziehung und der erweiterten Bewußtheit des Klienten.

Obwohl die meisten familientherapeutischen Theorien implizit das »Zwischen« aus systemischer Perspektive zu benennen versuchen, so wurde doch nur in einem einzigen Beitrag von *Boszormenyi-Nagy* und *Spark* (1973) das Beziehungsdenken *Bubers* auf die Familientherapie angewandt; dies wurde später von *Boszormenyi-Nagy* und *Krasner* (1986) ausgeweitet.

Für *Rollo May* (1981, 1983) war die Beziehungsdimension immer ein zentraler Bereich der Therapie. Das zeigt sich deutlich in seinen Gedanken über die Notwendigkeit einer Vertiefung des psychoanalytischen Übertragungskonzepts durch seine Einbettung in den Kontext der Beziehung. Eine so verstandene Übertragung führt dann über die Grenzen einer individualistischen Auffassung des Selbst hinaus: »Wie viele andere Freudsche Konzepte erweitert auch die Übertragung die

Sphäre und den Einflußbereich der Persönlichkeit ungeheuer; *wir leben in anderen und sie in uns*« (1983, S. 18, Hervorhebung v. mir). Das deckt sich mit *Bubers* Kommentar: »Die beiden haben tatsächlich teil am Leben des je anderen, nicht psychisch, sondern ontisch« (1965a, S. 170). Diese Sichtweise hat ungeheure Auswirkungen auf unser Bild vom Menschen und der Persönlichkeit. Als Psychotherapeuten können wir den Menschen nicht mehr als *isolierte psychische Entität*[4] unabhängig von seiner wesensmäßigen Verbundenheit mit anderen betrachten.

> »Aber in der existential orientierten Therapie wird 'Übertragung' in den neuen Kontext eines Ereignisses gestellt, das *in einer wirklichen Beziehung zwischen zwei Menschen stattfindet*. Fast alles, was der Patient dem Therapeuten gegenüber in einer Sitzung sagt oder tut, birgt ein Element von Übertragung in sich. Aber nichts ist jemals 'nur Übertragung', die man dem Patienten erklären könnte wie ein mathematisches Problem.« (*Rollo May* 1983, S. 160)

Auch die humanistische Psychologie ist stark von *Buber* beeinflußt, besonders *Rogers* (1969) und *Jourard* (1968). Ähnlichkeiten und Unterschiede sind 1957 in der bemerkenswerten öffentlichen Diskussion zwischen *Buber* und *Rogers* deutlich geworden (*Buber*, 1965b). *Rogers* gibt bei aller Eigenständigkeit seines Ansatzes den Einfluß von *Bubers* Schriften explizit zu:

> »Martin Buber, der Existenzphilosoph an der Universität von Jerusalem, hat einen Satz geprägt, 'den anderen bestätigen', der für mich große Bedeutung hatte... Wenn ich den anderen als ein festgelegtes, bereits diagnostiziertes und klassifiziertes, von seiner Vergangenheit geprägtes Wesen annehme, trage ich meinen Teil dazu bei, diese beschränkte Hypothese zu bestätigen. Wenn ich ihn als im Prozeß des Werdens begriffen annehme, dann tue ich, was ich kann, um sein Potential zu bestätigen oder es wirklich werden zu lassen.« (1958/1961 S. 55)

Er geht weiter davon aus, daß »...die *Qualität* der interpersonalen Begegnung mit dem Klienten das bedeutsamste Element bei der Bestimmung von Effektivität ist« (1967, S. 85). Und die echte Begegnung beschreibt er so:

> »In diesen seltenen Augenblicken, wo eine tiefe Wirklichkeit in dem einen einer tiefen Wirklichkeit in dem anderen begegnet, handelt es sich um die denkwürdige »Ich-Du-Beziehung«, von der Martin Buber, der jüdische Existenzphilosoph, gesprochen hat. Eine solch tiefe und gegenseitige personale Begegnung geschieht nicht oft, nach meiner Überzeugung wären wir aber keine Menschen, wenn sie nicht gelegentlich geschähe.« (1969, S. 232)

Und in seinem bemerkenswerten Aufsatz über den Fall der Ellen West, den *Ludwig Binswanger*[5] festgehalten hat, findet sich der folgende bezeichnende Kommentar über den möglichen Grund ihres Selbstmords: »Sie hat nie erfahren, was Buber als 'Heilung aus der Begegnung' bezeichnet hat. Es gab niemanden, der ihr so, wie sie war, begegnen oder sie akzeptieren konnte.« (*Rogers* 1980, S. 175)

Ein anderer humanistischer Psychologe, *Abraham Maslow* (1964, 1968, 1969, 1971), hat, obwohl selbst kein Psychotherapeut, das Denken vieler Therapeuten stark beeinflußt. Für ihn war die »Ich-Du«-Beziehung eine zentrale Dimension dessen, was er »*peak experiences*« nannte. Er versuchte sogar, die Ich-Du-und Ich-Es-Dimensionen auf verschiedene Modi des Wissens, auch im Bereich der naturwissenschaftlichen Forschung[6], anzuwenden.

Zahlreiche Jungianer, u. a. *Sborowitz* (1948), *Trüb* (1952), *Spiegelman* (1965, 1972) und *Jacoby* (1984), haben die »Ich-Du«-Begegnung ebenfalls zum wichtigen Fokus der Therapie gemacht. Das ist besonders interessant auf dem Hintergrund der Kontroverse zwischen *Buber* (1952a, 1952b) und *Jung* (1956). Für *Jacoby* ist die »Ich-Du«-Begegnung eine zentrale Dimension der Jungschen Psychotherapie. Er ordnet das Konzept der Übertragung in den Bereich der »Ich-Es«-Haltung ein:

psychoanalyt. Übertragung = Ich-Es-Sichtweise!

»Beide Haltungen spielen wie in jeder Beziehung auch bei den Interaktionen zwischen Analytiker und Analysand eine Rolle, und man muß versuchen, zwischen Übertragung und echter menschlicher Beziehung, wie sie im analytischen Setting auftreten, zu unterscheiden. Im allgemeinen spechen wir von menschlicher Beziehung, wenn die Ich-Du-Haltung bis zu einem gewissen Grad vorherrschend ist, und von Übertragung, wenn der andere unbewußt als Es erlebt wird.« (1984, S. 73)

In seiner Beschreibung der notwendigen Eigenschaften des Analytikers steht die Fähigkeit zu echter Begegnung an erster Stelle:

»Aber die vielleicht wichtigste ist die Fähigkeit, das herzustellen, was in den letzten beiden Kapiteln die Ich-Du-Beziehung genannt wurde. Die entscheidende Gabe des Analytikers ist sicherlich die, den Patienten wahrnehmen und sich auf ihn in seinem spezifischen Anderssein beziehen zu können.« (1984, S. 91)

In der Objektbeziehungstheorie haben zahlreiche Wissenschaftler erkannt, wie notwendig hier die Ergänzung des innerpsychischen Schwerpunkts durch ein dialogisches Verständnis ist. *Harry Guntrip*, der wohl bekannteste unter ihnen, sagt in Bezug auf die dialogische Natur der Psychotherapie:

»Psychotherapie will heilen durch die echte personale Beziehung zwischen zwei Menschen. Darin weicht die psychopathologische Beziehung des Ichs zu seinen inneren Objekten, die in der Übertragung deutlich wird, zunehmend der gesunden Realität der objektiv realen, personalen oder Ich-zu-Ich-Beziehung, die der Klient zunächst in seiner Beziehung zum Therapeuten erreicht und später auf sein gesamtes Leben ausdehnen kann.« (1969, S. 388)

Eine gesunde Beziehung braucht nach seiner Meinung volle Gegenseitigkeit. *Guntrip* kritisiert, daß die Begrifflichkeit der Objektbeziehungstheorie die ungeheure Komplexität wirklicher personaler Beziehungen nicht einmal ansatzweise fassen kann:

> »Jeder ist und wird durch das, was der andere ist und wird, in personaler Interaktion und im gegenseitigen Wissen. Die Objektbeziehungs-Theorie hat dies noch nicht adäquat konzeptualisiert. Sie hat mittlerweile eine wahrhaft psychodynamische Theorie der Entwicklung des einzelnen Ichs in personalen Beziehungen, nicht aber der komplexen Tatsache der personalen Beziehung zwischen zwei Ichs selbst entwickelt.« (S. 389)

Noch wichtiger für unser Thema ist der folgende Satz:

> »Aber die Theorie hat Bubers 'Ich-Du'-Beziehung noch nicht wirklich einbezogen, in der zwei Personen gleichzeitig sowohl Ich wie Objekt füreinander sind, und zwar so, daß ihre Wirklichkeit als Personen, wie sie sich in der Beziehung entwickelt, zu etwas wird, was keiner von beiden ohne diese Beziehung geworden wäre.« (1969, S. 389)

Diese grundlegende Kritik muß ernstgenommen werden. Unter denen, die versuchen, *Bubers* Philosophie in die Objektbeziehungstheorie zu integrieren, sind *Ticho* (1974) und *Brice* (1984) zu nennen. *Brice* (persönliche Mitteilung) hat mittlerweile begonnen, die Beziehungen zwischen der dialogischen Philosophie und den Theorien des radikalen französischen Psychoanalytikers *Jacques Lacan* zu untersuchen. *Stolorow* (1984), *Stolorow*, *Brandchaft* und *Atwood* (1983) sowie *Ulman* und *Stolorow* (1985), die in der Tradition von *Kohut* stehen, haben einen höchst bedeutsamen Beitrag geleistet: Sie beziehen die psychoanalytische Theorie des Selbst auf die intersubjektive Dimension in der Psychotherapie. *Atwood* und *Stolorow* sind nach eigenem Bekunden von *Wilhelm Dilthey* beeinflußt, einem der Lehrer *Martin Bubers*. Sie gehen tatsächlich soweit zu sagen: »Der Analytiker weiß um das Wesen der Deutung als 'Wiederentdeckung des Ich im Du' (Dilthey)« (1984, S. 6).

Wilhelm Dilthey, ein Lehrer Martin Bubers

Auch die Gestalttherapie ist stark von *Buber* beeinflußt, obwohl sie die umfassenden Konsequenzen seines Denkens nicht berücksichtigt. *Fritz Perls* (1970) legt den Fokus der Gestalttherapie auf »das Ich und Du und das Hier und Jetzt«. Die persönliche Begegnung mit *Buber* hat dessen ehemalige Studentin *Laura Perls* (1976/1986) stark beeinflußt[7]. Zu ihrer therapeutischen Arbeit sagt sie in einem Gespräch mit Milan Sreckovic folgendes: »Für mich ist es dabei wichtig, keine therapeutische Rolle zu spielen, sondern den Klienten so zu begegnen, wie ich im Augenblick bin: mich mit meinem Hintergrund, mit allem, was mir an Erfahrung, Wissen und Geschick zur Verfügung steht, in der gegebenen Situation in den Dienst des Dialogs, der Begegnung zu stellen.«[8] Ganz besonders wichtig sind hier aber auch *Erving* und *Miriam Polster* (1973, 1986), die sich zwar nicht zu einer formal dialogischen Philosophie bekennen, aber in ihrer Praxis und (implizit) auch in ihrer Theorie die »Heilung aus der Begegnung« am weitesten verkörpern. Das wurde in dem Interview, das ich mit ihnen führte, auch explizit gesagt (*Hycner* 1987). Für *Jacobs* (1978, 1987) ist das »Ich und Du« das Herzstück der Gestalttherapie; *Yontef* (1981) begreift Gestalttherapie als »dialogische Methode«, und auch ich habe versucht, die Gestalttherapie in den Rahmen des dialogischen Ansatzes zu stellen (*Hycner* 1985a). Es scheint gegenwärtig unter Gestalttherapeuten eine Bewegung zu geben, die die Gestalttherapie aus dem Verständnis der fundamentalen »Ich-Du«-Beziehung neu zu definieren versucht[9].

Erwähnt werden sollen noch einige interessante Dissertationen, die auf eine dialogische Psychotherapie verweisen, darunter die Arbeiten von *Archambeau* (1979), *Gillis* (1979), *Stanton* (1978) und *Young Rose* (1984). Die Dissertation von *Sall* (1978) trägt interessanterweise sogar den Titel »Psychotherapie des Dialogs«.

Natürlich gibt es viel mehr Literatur zu diesem Thema. Aber schon dieser kurze Überblick macht hoffentlich deutlich, daß das zentrale Thema der »Heilung aus der Begegnung« in der psychologischen und psychotherapeutischen Literatur breit repräsentiert ist.

Anmerkungen

1) *Buber* 1923/1977 S. 133.

2) Für eine ausführlichere Beschreibung des Beitrags, den *Friedman* zu dieser Bewegung geleistet hat, vgl. *Stanton* 1978, 1985.

3) Die Möglichkeit der Verankerung der Psychotherapie in den dialogischen Kontext ist mittlerweile so weit fortgeschritten, daß die Gründung eines Instituts gerechtfertigt schien. Eine solche Institutsgründung markiert immer einen Wendepunkt in der Geschichte einer Theorie. Das »Institute for Dialogical Psychotherapy« (der ursprüngliche Name lautete: »Institute for Existential-Dialogical Psychotherapy«, wurde aber um der größeren Klarheit des Ansatzes willen 1986 geändert) wurde im Frühjahr 1984 in San Diego für die theoretische und praktische Ausbildung von Therapeuten gegründet. Das erste jährliche Symposion für existential-dialogische Psychotherapie fand im Frühjahr 1985 statt. Den Einführungsvortrag hielt *James F. T. Bugental.* Die Einführungsvorträge der folgenden Symposien hielten *Erving* und *Miriam Polster* 1986, *Rollo May* 1987 und 1988 wieder *James F. T. Bugental.* 1987 erschien der erste Band der Zeitschrift »*Perspectives: The Journal of Dialogical Psychotherapy*«. Im selben Jahr fand (unabhängig vom Institut) in Washington eine vielversprechende Konferenz zum Thema »Buber and Psychology: Towards a Psychology of Healing through Meeting« statt, an der zahlreiche amerikanische Therapeuten teilnahmen, die sich mit der Anwendung von Bubers Denken in der Psychotherapie beschäftigten. Eine ähnliche Konferenz fand gegen Ende des Jahres in Israel statt.

4) Selbstverständlich hat sich auch die Familientherapie mit diesem Aspekt befaßt.

5) Es ist interessant, daß *Binswanger* nicht der Therapeut von Ellen West war. Er hat den Fall aus den Unterlagen rekonstruiert und unter existentialpsychologischen Gesichtspunkten neu aufgerollt.

6) *Maslow, A.* (1969), »Interpersonal (I-Thou) knowledge as a paradigm for science.«

7) *Laura Perls* hat das in einem persönlichen Gespräch in Köln 1987 bestätigt.

8) *Laura Perls* 1989, S. 179

9) In diesem Zusammenhang ist interessant, daß die vom »Gestalt Journal« geförderte Gestalttherapie-Konferenz 1989 den Titel trägt: »Die Ich-Du-Beziehung in der Gestalttherapie«.

Teil III

Praxis

»Die Möglichkeitsgrenzen des Dialogischen sind die des Innewerdens.«
Martin Buber[1]

8.

Dem Klienten in seiner Welt begegnen

»Sich wirklich annehmend in die Welt eines anderen zu begeben, schafft eine ganz besondere Bindung, die meiner Erfahrung nach nicht ihresgleichen hat.«

Carl Rogers[2]

Die Bereitschaft des Therapeuten, sich so weit wie möglich in die »subjektive« Erfahrung des Klienten zu begeben, ist wesentlicher Bestandteil des dialogischen Ansatzes. Im Rahmen der sozial festgelegten Bedeutungen verkörpert jeder von uns im Herzen seiner Existenz eine Welt von einzigartigen Bedeutungen. Daraus ergibt sich ein grundlegendes Dilemma menschlicher Existenz: Wir sind alle einzigartig, und doch sind wir alle gleich.

Die Tatsache, daß Erfahrungen gelegentlich *radikal* einzigartig sein können, stellt eine große Herausforderung für den Psychotherapeuten dar: Wie soll er die Bedeutung, Breite und Tiefe der »subjektiven« Erfahrungen eines anderen verstehen und einordnen, vor allem dann, wenn sie sich deutlich von seinen eigenen unterscheiden? Diese Herausforderung kann ihn belasten, aber auch fesseln, und darf nie zu leicht genommen werden.

Neurotische Blockierungen und »Störungen« lassen sich vom dialogischen Standpunkt aus gesehen zumindest teilweise darauf zurückführen, daß die Erfahrungen des Klienten von anderen nicht verstanden und wohlwollend geachtet wurden. So konnte er sich nicht bestätigt[3] fühlen und von daher seine Erfahrung auch selbst nicht schätzen und achten. Bedingt durch die Unwägbarkeiten der menschlichen Existenz ist kein Mensch je wirklich total akzeptiert und voll bestätigt worden. Jeder Mensch entwickelt individuelle Verletzlichkeiten, deren Wurzeln in der angeborenen existentiellen Verletzlichkeit des Menschen liegen. Jeder lebt mit eiternden Wunden.

Die Forschungsergebnisse der Selbst-Psychologie bestätigen die Notwendigkeit, die Erfahrungen des Klienten zu verstehen und darauf zu reagieren. *Atwood* und *Stolorow* z. B. meinen: »Pathogenese wird aus dieser intersubjektiven Perspektive als schwere Abweichung oder Ungleichzeitigkeit zwischen den subjektiven Strukturen von Eltern und Kind verstanden, was dazu führt, daß die ursprünglichen Entwicklungsbedürfnisse des Kindes nicht durch die entsprechende Reaktion der Selbstobjekte befriedigt werden« (1984, S. 69). Vom intersubjetiven Standpunkt aus liegt also die Ursache bestimmter Krankheiten in der unzureichenden Bestätigung durch Elternfiguren in der frühen Kindheit[4]. Der Therapeut muß also ein Bündnis und eine — sehr intime — Bindung zum Klienten herstellen. Der Klient muß auf tiefer Ebene *erfahren*, daß der Therapeut ihn versteht oder sich zumindest mit all seinen Kräften darum bemüht. Nur wenn beide Beteiligten bereit sind, ein solches Bündnis und eine solche Bindung aufzubauen, kann Psychotherapie zur Heilung führen.

Der Psychotherapeut muß auf eine Unzahl verschiedener Erfahrungen reagieren können. Dafür sind Offenheit, Flexibilität und meisterhafte Beherrschung des therapeutischen Handwerks nötig. An einem einzigen Nachmittag muß er sich z. B. in die Welt eines wegen seines Gewichts gehänselten Neunjährigen, eines von chronischen Schmerzen geplagten vierzigjährigen Mannes oder eines jungen und begabten Musikers, der aufgrund einer körperlichen Behinderung nicht mehr auftreten kann, einfühlen. In all diesen Fällen hat das jeweils besondere In-der-Welt-Sein dieser Menschen ihre individuellen und einzigartigen Bedeutungen geformt. Die Aufgabe des Therapeuten besteht darin, auf diese Bedeutungen zu reagieren.

Gegenwärtigkeit

»Was erwarten wir, wenn wir verzweifeln und doch noch zu einem Men-
schen gehen? Wohl eine Gegenwärtigkeit, durch die uns gesagt wird, daß
es ihn dennoch gibt, den Sinn.«

Martin Buber[5]

Um dem Klienten in seiner Welt begegnen zu können, muß der Therapeut für ihn »gegenwärtig« sein. Für *James Bugental* ist Gegenwärtigkeit »das wesentliche Ingredienz der Therapie«.[6] Er hat auch darauf hingewiesen, daß Gegenwärtigkeit keineswegs dasselbe ist wie
»Rapport« (1987, S. 46f). Nötig ist mehr als »nur« Rapport. Es geht
nicht einfach um Freundlichkeit, der Therapeut muß bereit sein, sich
selbst in seinem Menschsein in die Begegnung einzubringen. Der Begriff der Gegenwärtigkeit wird deshalb so leicht mißverstanden, weil
es sich dabei *nicht* um eine Technik handelt. Gegenwärtigkeit bedeutet, das Geheimnisvolle und die wechselseitige Durchdringung der
Existenz zu erkennen und sich bewußt zu machen, daß jede Kategorisierung und Etikettierung die Entfaltung der verletztlichsten, wirk-
lichsten und wesentlichsten Anteile eines Menschen beeinträchtigt.

Gegenwärtigkeit ist weit mehr als nur die körperliche Anwesenheit,
die aber selbstverständlich Voraussetzung ist. Der Begriff der Gegenwärtigkeit läßt sich deshalb so schwer in Worte fassen, weil er sich objektivem Verständnis und klarer Beschreibung entzieht. Und doch
spürt jeder intuitiv, was sie bedeutet, und weiß, wann er sie erlebt. Es
bedeutet, so weit wie möglich für den anderen zugänglich zu sein, in
eben diesem Augenblick, ohne störende Überlegungen oder Vorbehalte, sein Bewußtsein dem Sein des anderen ganz zuzuwenden. Der Therapeut muß dazu beim Erleben des Klienten sein, gleichzeitig aber
auch beim eigenen. Solche Gegenwärtigkeit fordert das Verharren im
»fruchtbaren Augenblick«,[7] damit sich daraus die Begegnung entwickeln kann. Der natürliche Fluß menschlicher Erfahrung trägt den
Therapeuten von einem Augenblick der gegenwärtigen Situation zum
nächsten.

Aber unser kognitives Training reißt uns häufig aus dieser Gegen-
wartszentrierung heraus. Reflektion führt allzu leicht aus dem gegenwärtigen Augenblick hinaus in Vergangenheit oder Zukunft, die mehr
mit Phantasien (diesen schatten- und nebelhaften Wesen) zu tun hat
als mit realen Menschen aus Fleisch und Blut. Es geht also hauptsächlich darum, immer wieder so weit wie möglich gegenwärtig zu werden,
um die nur daraus entstehenden einzigartigen Gelegenheiten für die
therapeutische Arbeit nicht zu verfehlen. Erst die Zentrierung in der
Gegenwart macht den Therapieprozeß wirklich lebendig. Es ist ein
wenig wie beim Wildwasserpaddeln: Man läßt sich vom Fluß tragen
und reagiert jeden Augenblick auf die permanenten Veränderungen.
Diese Lebendigkeit ist ein wichtiger Faktor für die Heilung, da wir alle
unser Überleben in einer ungeheuer komplexen Gesellschaft mit einer
Verminderung unserer Gegenwärtigkeit bezahlt haben. Die Ein-
schränkung der Gegenwärtigkeit beeinträchtigt das Gefühl, lebendig
zu sein.

Vorannahmen aussetzen: »Einklammerung«

Der Therapeut kann dem Klienten nur dann in seiner Welt begegnen
und wirklich gegenwärtig sein, wenn er bereit ist, die eigenen Annahmen, Weltsichten und Bedeutungen so weit wie möglich auszusetzen.
Natürlich kann kein Mensch *vollständig* von seiner eigenen Perspektive absehen, und das wäre auch gar nicht erstrebenswert. Es geht vielmehr um die *zeitweilige* »Einklammerung«[8] eigener Bedeutungen,
Neigungen und Vorurteile, um Zugang zu der Welt und den wichtigen
Bedeutungen des Menschen zu bekommen, mit dem wir arbeiten. *Rollo May* sagt dazu:

> »Um sich selbst als Instrument einzusetzen, braucht der Thera-
> peut ungeheuer viel Selbstdisziplin... Diese Selbstdisziplin
> oder, wenn man so will, die Läuterung des Selbst, die weitest-
> mögliche Einklammerung eigener Verzerrungen und neuro-

tischer Tendenzen, führt meines Erachtens zu der mehr oder weniger starken Fähigkeit, die Begegnung als Möglichkeit zur Teilnahme an den Gefühlen und der Welt des Klienten zu erleben.« (*Rollo May*, 1983, S. 23)

Um vorgefaßte Meinungen »einzuklammern«, muß der Therapeut seine für selbstverständlich gehaltenen Bedeutungen psychisch »ausleeren«, d. h. eine »meditative« Haltung einnehmen, die die Entfaltung der Einzigartigkeit und der reichen Möglichkeiten des Klienten in seiner Gegenwart erlaubt. Die notwendige psychische Offenheit des Therapeuten entspricht in etwa der Forderung des Zen-Buddhismus, seinen »Kopf auszuleeren«, damit man die Wirklichkeit wahrhaftig aufnehmen kann. Anders ausgedrückt: Wir sind meistens *zu* »intelligent«; wir haben in unserem Inneren zu viele Gedanken, so daß kaum Raum bleibt, für das Neue, *Einzigartige, Andere* empfänglich zu sein.

Wir analysierung und kategorisieren *zu* viel bei der therapeutischen Arbeit. Wir wissen z. B., was Schizophrenie ist, was eine Persönlichkeits-, eine Konzentrationsstörung ist, aber wir wissen nicht, *wer* der Mensch ist, der uns gegenübersitzt und einige Charakteristika dieser Störungen aufweist. Ich habe nie mit jemandem therapeutisch gearbeitet, auf den solche Diagnosen wirklich genau gepaßt hätten, was ich lange auf mangelnde diagnostische Fähigkeiten zurückgeführt habe. Aber mittlerweile habe ich begriffen, daß es viel zu einfach ist, sogenannte pathologische Zustände zu Stereotypen zu machen. Als Kliniker darf man dieser mächtigen Versuchung nicht nachgeben, sonst kann man die Einzigartigkeit des jeweiligen Klienten nicht wirklich »sehen«. Diagnosen sind nützliche Kürzel, um einen bestimmten Verhaltensstil zu beschreiben; sie können aber zugleich die existentielle Wirklichkeit des betreffenden Menschen verdecken.

Die Nomenklatur kann *nie* den Menschen als Ganzes erfassen. Es ist deshalb immer Aufgabe des Therapeuten, sein nomothetisches Wissen auf den je einzigartigen Klienten zuzuschneiden, d. h. er muß empfänglich bleiben für die wirkliche Situation und darf nie im voraus entscheiden, was gesagt werden oder geschehen sollte. Das verstößt zweifellos gegen unseren Hang zur vorzeitigen analytischen Kategorisierung von Erfahrungen, bis hin zu den intimsten, die sich eigentlich jeder Kategorisierung entziehen.

Ein einfaches, aber deutliches Beispiel soll das zeigen: Bei einer Klientin mit schwach ausgebildeten Ichgrenzen beugte ich mich in einer Sitzung in meinem Stuhl weit vor, weil mich das, was sie sagte, sehr fesselte. Plötzlich erschien ein entsetzter Ausdruck in ihrem Gesicht. Ohne daß ich mir der Bedeutung der räumlichen Distanz für diese Frau bewußt gewesen wäre, drohte meine ihr zugeneigte Haltung sie zu überwältigen. Wenn ich ihr nicht implizit meine eigenen Bedeutungen und räumlichen und psychischen Grenzen unterstellt hätte, hätte ich das erkennen und eine für sie bedrohliche Situation vermeiden können. Es wäre natürlich nicht unbedingt falsch, wenn man diese Episode einfach unter dem Gesichtspunkt der Übertragung betrachtet. Aber mir geht es darum zu zeigen, daß die Aussetzung der eigenen Bedeutungen und das »Erleben« der Welt aus dem Blickwinkel der Klientin zu sehr viel mehr Verständnis, besserem Kontakt und einer tieferen Beziehung führt.

Das folgende Beispiel aus der Arbeit mit einem Neunjährigen und seiner Mutter ist etwas komplizierter. Anlaß für die Therapie waren die Verhaltensprobleme des Kindes, das sehr stark agierte. Der Junge hatte in seiner Klasse kaum Freunde. Er war schon an sich ein Eigenbrödler und außerdem erst vor kurzem mit seiner Mutter in die Stadt gezogen. Schon nach einigen Sitzungen benahm er sich sehr viel besser, und die Therapie lief recht gut, bis die Mutter eines Tages sehr aufgeregt kam: er war mit dem Fahrrad zur Schule gefahren, obwohl sie ihm das ausdrücklich verboten hatte, weil der Schulweg über eine viel zu gefährliche Straße führte. Die Mutter war sehr beunruhigt und hielt sein Verhalten für einen schweren Rückschritt. Aus ihrer Perspektive handelte es sich um Ungehorsam und Agieren, und das war auch meine unmittelbare Reaktion als Erwachsener. Aber ein Gespräch mit ihm verdeutlichte seinen Standpunkt. Das Fahrradfahren hatte für ihn eine ganz andere Bedeutung: Es war bei den Kindern gerade Mode, mit dem Fahrrad zur Schule zu fahren, es ging um Identität, so etwa wie beim Thema der »richtigen« Kleidung. Ein Kind, das ohne Fahrrad in die Schule kam, gehörte nicht dazu, wurde ausgeschlossen, zum Außenseiter gemacht, es war kein »Mitglied in der Clique«. Und gerade diesen Jungen, der sich ja bereits als Außenseiter und isoliert fühlte, forderte jetzt seine Mutter ahnungslos auf, sich noch weiter zu isolieren! Sobald man das Ereignis aus seiner Sicht betrachtete, machte sein »Ungehorsam« Sinn: er repräsentierte einen Verlust an »Identität« und *das verzweifelte Bedürfnis, dazuzugehören.*

Die Einzigartigkeit der individuellen Erfahrung eines jeden Menschen führt in der Therapie wie im Leben oft zu größeren Spannungen. Es ist die Aufgabe des Therapeuten, zu *entdecken* und zu verstehen, welche Bedeutung ein Ereignis für diesen besonderen Menschen hat. Wenn das nicht gelingt, entstehen mißlungene Begegnungen oder »Vergegnungen«, wie *Buber* das nennt, oder, in der Terminologie von *Atwood* und *Stolorow*, »intersubjektive Abweichungen« — mit fundamentalen Konsequenzen: »Eine unmittelbare Konsequenz besteht darin, daß sich die therapeutischen Interventionen an eine subjektive Situation wenden, die überhaupt nicht existiert, und so Wirkungen und Reaktionen produzieren, die aus dem Blickwinkel des Analytikers unbegreiflich sind« (1984, S. 50). Daß dies in der Therapie zu mißlungenen Begegnungen und Mißverständnissen führen kann, ist offensichtlich, ja, es geschieht sogar ständig. Viele sogenannte pathologische Verhaltensweisen ergeben dann einen Sinn, wenn man beginnt, das Leben des Klienten mit seinen Augen zu betrachten. Auch wenn diese Anstrengung nicht immer erfolgreich ist, macht sie die Bereitschaft des Therapeuten deutlich, eigene Vorurteile, Überzeugungen und Annahmen beiseite zu lassen und den subjektiven Gesichtspunkt des Klienten einzunehmen — zu »fühlen, was er fühlt«. Der Klient hat ein feines, tiefes Gespür für die Echtheit dieses Bemühens und schätzt es in der Regel sehr hoch. Jeder Mensch sucht in seinem tiefsten Wesen verzweifelt nach Bestätigung, hat das große existentielle Bedürfnis, von einem anderen tief verstanden zu werden. Weil wir uns nicht verstanden fühlen, müssen wir soviel von uns selbst hinter schützenden Mauern verbergen, bis zu dem Punkt, an dem wir glauben, *niemand* könne uns verstehen. Das ist zwar im tiefsten Wortsinn richtig; doch wesentliche Aspekte unseres Lebens können dennoch von anderen begriffen werden. Nichts ist so schrecklich wie das Gefühl, ganz allein zu sein und von niemandem verstanden zu werden.

Das Staunen

Festgelegte Urteile verhindern das Auftauchen neuer Möglichkeiten. Die ständige Bereitschaft, sich überraschen zu lassen, ist Bestandteil des Therapeuten-Berufs. Damit ist nicht »Naivität« gemeint, sondern Offenheit für das Geschehen, ohne Vorannahmen. Man braucht eine sehr intelligente »Naivität« und viel fachliches Geschick, um sich immer wieder von dem, was ist, überraschen lassen zu können, ohne jedoch den eigenen Boden zu verlieren. Wenn Therapie wirklich auf die Bedürfnisse des Klienten eingehen soll, muß der Therapeut staunen können und sich gestatten, stets neu verblüfft zu sein. Diese Offenheit nennt *Van Dusen* (1967) die »fruchtbare Leere«.

Man kann den Klienten als ein noch »ungeschriebenes Gedicht« betrachten, das darauf wartet, geweckt zu werden. Der Therapeut muß sich auf seinen ganz eigenen Rhythmus und Versmaß einstimmen. Meist haben jahrelange quälende und schreckliche Erfahrungen das »Kunstwerk« verdeckt, und es braucht viel liebevolle Offenheit, bis seine Schönheit offenbar wird. Echte Poesie läßt sich nicht in ein Metrum zwingen, das nicht zu ihm gehört. Solange der Therapeut stark abweichende Vorstellungen darüber hat, wer der Klient ist oder *sein sollte*, kann es keine echte Offenheit für die Schönheit des anderen geben.

Die Erwartung dessen, was geschehen *sollte*, behindert immer das, was geschehen *kann*. Das, was geschehen kann, ist immer sehr viel fruchtbarer als das, was wir erwarten. Was wir erwarten, ist immer nur eine Andeutung des Möglichen, und das Mögliche sprengt die Grenzen der Vorstellungskraft.

Wenn ich in einer Sitzung nicht wenigstens einmal staune, bin ich entweder »ausgebrannt« oder nicht in Kontakt mit dem Klienten. Damit erweise ich dem Klienten einen schlechten Dienst. Die Offenheit für die Möglichkeit des Staunens, die Bereitschaft, sich von den Geheimnissen, dem Wunderbaren und der Größe des Menschen, mit dem ich arbeite, berühren zu lassen, ist grundlegender Bestandteil der Therapie.

Die »dynamische Mitte« der Person

Die Bereitschaft zum »Staunen« bremst den Drang, zu kategorisieren und zu objektivieren. *Buber* ermutigt den Therapeuten, sich nicht von der Pathologie, die meist einen Hilferuf darstellt, abstoßen zu lassen, sondern über das Offensichtliche, das »Sichtbare« hinauszugehen und den Fokus auf die »Seele« des Menschen, den Kern seiner Existenz, zu richten. Es gilt, die aller Pathologie zugrundeliegende »dynamische Mitte« aufzuspüren, in der der »Geist« eingefangen ist. Aus dieser Mitte läßt sich das Verhalten eines Menschen verstehen:

> »... ein Mensch (kann) nicht wirklich erfaßt werden, ohne daß man ihn auch von der dem Menschen allein unter ihnen allen eignenden Gabe des Geistes her erfaßt, und zwar des Geistes als entscheidend beteiligt an dem Personsein dieses Lebewesens hier: des personbestimmenden Geistes. Eines Menschen innewerden heißt also im besonderen seine Ganzheit als vom Geist bestimmte Person wahrzunehmen, die dynamische Mitte wahrnehmen, die all seiner Äußerung, Handlung und Haltung das erfaßbare Zeichen der Einzigartigkeit aufprägt.« (*Buber* 1962, S. 278)

»Spurensuche«

Nach der (weitestmöglichen) »Einklammerung« der subjektiven

Annahmen geht es darum, *im Hier und Jetzt* den kontinuierlichen Augenblickserfahrungen und den vom Therapeuten wahrgenommenen Bedeutungen des Klienten »nachzuspüren«[9], d. h., er »folgt« Schritt für Schritt den Bedeutungen, die der Klient ausdrückt und die er selbst wahrnimmt. Dieser »therapeutische Tanz« bildet die Grundlage der heilenden Begegnung. *Rollo May* vergleicht das mit »der Resonanz zweier Musikinstrumente. Wenn man die Saite einer Geige zupft, schwingen die entsprechenden Saiten einer anderen Geige im Raum entsprechend mit« (1983, S. 22). Dieses Bild verdeutlicht die notwendige Reaktionsbereitschaft des Therapeuten.

Mit dieser Haltung lassen sich zwei wichtige Ziele erreichen. Dem Klienten vermittelt sie das echte und tiefe *Interesse* an seinem Erleben. Die große Anstrengung und Verbindlichkeit, die diese ständige Spurensuche erfordert, teilt sich dem Klienten zwangsläufig mit und legt den Grundstein für eine Beziehung. Spürt der Klient diese Beziehung, entsteht ein solches Vertrauen, wie es für die schwierige Arbeit der Psychotherapie nötig ist. Der Therapeut hingegen versteht durch diese Anstrengung allmählich einige der wesentlichen Bedeutungen und Themen im Leben des Klienten und kann manche Bedeutungsnuancen seines subjektiven Standpunkts erschließen.

Das Erleben des Therapeuten

In die Welt des Klienten einzutreten bringt das Risiko mit sich, die eigene Perspektive aus den Augen zu verlieren. In extremen Situationen tiefer Verschmelzung mit dem anderen besteht die Gefahr, wenn auch nur vorübergehend, die eigene Identität zu verlieren. *Carl Rogers* hat in seinem Buch »Entwicklung der Persönlichkeit« (1961/1973) beschrieben, welche Risiken der tief beteiligte Therapeut eingeht, der sich auf Gefühle des Klienten einläßt, die er normalerweise bei sich nicht zugeben würde:

»Und jetzt, wo ich diese Gefühle in den Sitzungen mit ihm lebe, fühle ich mich schrecklich erschüttert, als ob meine Welt auseinanderfällt. Sie war so sicher und stark. Jetzt ist sie unklar, durchlässig und verletzlich. Es ist nicht angenehm, Gefühle zu haben, vor denen ich mich früher gefürchtet habe. Das ist sein Fehler... Ich weiß nicht mehr, wer ich bin, aber manchmal, wenn ich etwas *fühle*, werde ich einen Moment lang wieder stabil und real.« (*Rogers* 1973)

Man muß sich also zumindest augenblicksweise selbst vergessen können. Es ist die rhythmische Spannung zwischen Selbstzentrierung und Hinwendung zum Standpunkt des Klienten. Aber sobald man wirklich in die Erfahrungswelt des Klienten eintritt, kommt der angsterregende Augenblick, wo die eigenen Wegweiser verlorengehen. Um wirklich wirksam zu arbeiten, *muß man dieses Risiko eingehen,* gleichzeitig aber darauf achten, sich nicht im Erleben des Klienten zu »verfangen«. Das wäre keine Hilfe, weil das Gefangensein im eigenen Erleben ja gerade ein Grund für die Therapie war. Nötig sind zwei Schritte: tiefes Verständnis für das Erleben des Klienten und die Fähigkeit, sich zu distanzieren und eine andere Perspektive anzubieten. Der zweite Schritt läßt sich nicht vor dem ersten tun.

Auf der anderen Seite kann man natürlich nur auf der Grundlage des eigenen Erlebens dem eines anderen empathisch begegnen. Solange man aber nicht bereit ist, die eigenen Annahmen auszusetzen oder einzuklammern, ist wirkliche Empathie aufgrund der eigenen Vorurteile nicht möglich. Mit dieser Dialektik ist jeder Mensch konfrontiert, aber in der psychotherapeutischen Begegnung ist sie besonders wichtig. Der Therapeut muß sich seines eigenen Erlebens bewußt werden, aber zugleich kann gerade dieses ein wirkliches »Zusammensein« mit dem Klienten behindern. Aber zeitweilig oder wenigstens augenblicksweise gelingt es meist doch, eigene Erwartungen zurückzustellen, um für den anderen gegenwärtiger zu sein.

Bei der therapeutischen Arbeit geht es trotz der, zumindest anfänglichen, Orientierung an den Erfahrungen des Klienten *nicht* darum, daß der Therapeut seinen Standpunkt aufgibt. Er muß das Leben des Klienten in seinen Nuancen verstehen, bevor er kontrastierende oder widersprechende Gesichtspunkte einbringen kann. Zu Beginn der

Therapie geht es um Akzeptieren und *Wertschätzen* des Standpunkts des Klienten (vgl. Kap. 5). Es kann sehr lange dauern, bis diese Wertschätzung wirklich entwickelt ist. Wirkliches Vertrauen zu einem anderen verstößt für viele Menschen gegen ihr ganzes bisheriges Dasein in der Welt; es ist ein völlig neues Unterfangen, befrachtet mit Risiken und überschattet von der Drohung des Nicht-Seins.

Der Therapeut arbeitet also im Spannungsfeld zwischen der vollen und tiefen Wertschätzung des Erlebens des Klienten einerseits und der notwendigen eigenen Zentriertheit angesichts abweichender oder sogar widersprüchlicher Erfahrungen andererseits. *Buber* würde das »Umfassung« nennen (vgl. Kap. 5). Dieses Spannungsfeld ist das Herzstück der Psychotherapie: die echte Begegnung des Standpunkts des Therapeuten mit dem des Klienten.

> »... Empathisches Verstehen ist Endergebnis eines kontinuierlichen Prozesses, bestehend aus Interaktion und Dialog, in Bewegung gesetzt durch den Einsatz wechselnder Perspektiven auf seiten des Therapeuten, d. h. er alterniert oder oszilliert frei zwischen paradoxen oder unvereinbaren Positionen entlang verschiedener Achsen. Zu diesen Positionen gehört das Erleben, Beobachten und Wertschätzen der Ereignisse, die der Patient berichtet, und zwar sowohl aus seiner Perspektive wie aus der des außenstehenden Beobachters, unter dem Aspekt sowohl der Täter- wie der Opferschaft des Patienten und unter dem Aspekt der Konflikte beider Beteiligten, des Patienten und des Therapeuten.« (*Berger* 1987, S. 17)

Das alles wirft die sehr konkrete Frage auf: wer bestimmt, was in der Therapie »Realität« ist? Die Antwort ist: *beide*, Klient und Therapeut. In der Anfangsphase muß der Schwerpunkt auf den Bedeutungen und Gefühlen des Klienten liegen, so daß Fortschritte möglich werden und eine bedeutungsvolle Beziehung entstehen kann. Damit sind aber die Erfahrungen des Therapeuten keineswegs aus der Therapie ausgeschlossen. Er muß die Bewegung in der Therapie auch bewerten. Und wenn man den Begriff des »Zwischen« ernst nimmt, dann muß es eine Realität geben, die größer ist als die Summe der Erfahrungen von Klient und Therapeut. Gemeinsam bilden sie den Kontext für die individuellen Erfahrungen beider, und das ist wahrscheinlich die prägnanteste Bedeutung des »Zwischen«.

»Prüfsteine«

Ein Weg, dieses tiefe Gespür für die Welt des Klienten zu entwickeln, führt über die Prüfsteine (*Maurice Friedman* 1972b): das Aufgreifen von zentralen Ereignissen, die seinem Leben Bedeutung geben. Prüfsteine können vergangene, gegenwärtige, ja sogar in die Zukunft imaginierte Ereignisse sein. Für einen Studenten ist der »Prüfstein« vielleicht das (zukünftige) Ereignis des Examens; für ein Kind kann der geschenkte Teddybär ein sehr wichtiger Prüfstein sein. Im Leben jedes Menschen gibt es offensichtlich unzählige Prüfsteine mit den dazugehörigen Bedeutungen, und sie müssen gemeinsam exploriert werden. Der Therapeut kann so am Weltgefühl des Klienten teilhaben, den Bedeutungen seiner Erfahrungen und Ereignissen in seiner Welt begegnen. Gleichzeitig zeigt er indirekt sein Interesse, was wiederum den Aufbau einer Beziehung, einer Bindung fördert. Gerade das Fehlen oder die Beschädigung solcher Bindung an die Welt und an andere ist ja oft eine wichtige Ursache für den Beginn einer Therapie. *Man kann nur dann eine echte Beziehung eingehen und entwickeln, wenn es gemeinsame Bedeutungen gibt.* Was *Friedman* von Philosophen und Künstlern sagt, gilt auch für die Kunst der Psychotherapie:

> »Denker und Künstler wie Blake, Kierkegaard, Nietzsche, van Gogh und Jung hatten den Mut, die Spannung zwischen der Treue zu ihren Prüfsteinen der Realität und ihrem Bedürfnis nach Kommunikation mit anderen auszuhalten, *und* sie besaßen den Genius, Brücken zu bauen — aus Dichtung, Kunst, Theologie, Philosophie oder Psychologie, durch die ein Dialog

der Prüfsteine zwischen ihnen und der Welt stattfinden konnte.« (1987, S. 309)

Aufbau einer Beziehung

Es ist Aufgabe des Therapeuten, eine »Brücke« zum Klienten zu bauen, nicht umgekehrt, wie manche theoretische Ansätze anzunehmen scheinen. Das ist ein zentraler Aspekt der »Heilung aus der Begegnung«, von der *Buber* spricht. Heilung bedeutet »ganz machen«, und was verletzt und »nicht ganz« ist, ist die vertrauensvolle Beziehung zu anderen. Heilung ist kein einmaliges Ereignis, sondern ein kontinuierlicher Prozeß, in dem dieses Verbundensein zunächst zum Therapeuten und dann zu anderen in einer Reihe kontinuierlich vertiefter Schritte wiederhergestellt wird. Therapeut und Klient bewegen sich auf »parallelen Spiralen« in die Tiefe und nehmen auf immer tieferen Ebenen des Seins Kontakt miteinander auf. Damit wird eine Intimität gefördert, die im Alltagsleben selten zugelassen wird.

Um zu erkennen, ob sich diese Beziehung entwickelt, ist eine intuitive Einschätzung nötig. Im günstigsten Falle weisen die Höhepunkte und die Integrationsmöglichkeiten der unkalkulierbaren Interaktionen des Augenblicks auf eine globale Erfahrung. Letztlich müssen beide Beteiligten ein tiefes gemeinsames Verständnis, *eine innere Gemeinsamkeit* spüren.

Ist diese Beziehung erst aufgebaut und vertieft, sind die Möglichkeiten der Therapie buchstäblich grenzenlos. Der Therapeut kann auf diesem Hintergrund große Risiken eingehen und äußerst verletzliche Bereiche explorieren, gegen die der Klient sonst sehr viel Widerstand zeigen würde. Auf der soliden Basis der Beziehung kann man das »Zwischen« betreten und die sich weitenden Grenzen des Klienten explorieren, dort, wo der Mensch dem Menschen begegnet.

Anmerkungen

[1] *Buber* 1962, S. 183.

[2] *Rogers* 1986, Interview von *Warren Bennis*.

[3] Zu den Begriffen »Bestätigung« vs. »Akzeptanz« vgl. auch Kap. 4.

[4] Es geht hier *nicht* darum, Elternfiguren anzuklagen, sondern mitfühlend zu erkennen, daß sie ebenfalls unzureichendem Elternverhalten ausgesetzt waren. Das heißt darüber hinaus, die wesensmäßige existentielle Einzigartigkeit von Eltern und Kind und die notwendigen Abweichungen zu erkennen, die in normalen Interaktionen zwangsläufig auftreten.

[5] *Buber* 1962, S. 278.

[6] Rede auf der ersten Konferenz für Dialogische Psychotherapie, San Diego, Cal.

[7] Die alten Griechen sprachen vom »Kairos«, dem »ewigen Augenblick«. Vgl. auch die Arbeiten von *Rollo May*.

[8] Das berühmte *epoché* von *Edmund Husserl*.

[9] Vergleichbar mit dem Begriff der »Parallelen« von *Bugental* (1987).

9.

Das Problem ist die Antwort

»Das Leben ist ein Geheimnis, das gelebt, und nicht ein Problem, das gelöst werden muß.«

Gabriel Marcel

Das diagnostizierte Problem enthält den Keim der Heilung. Seine Beachtung und Integration stellt die Ganzheit der Existenz wieder her. Wir sollten das Problem nicht als Anomalie, sondern in Verbindung mit der *ganzen* Existenz des Klienten betrachten, als Teil der Dialektik von »Frage und Antwort« zwischen Psyche und Körper, zwischen dem Selbst und dem Anderen.

Das »Problem« macht deutlich, in welcher Weise die Existenz des Klienten gebrochen, entfremdet, gestört worden ist; zugleich aber enthält es eine Hoffnung. »In der schlimmsten Krankheit manifestiert sich vielleicht das höchste Potential des Kranken in negativer Form« (*Friedman* 1965, S. 39). Nur wenn wir unsere Existenz objektiv, aus der Ich-Es-Haltung heraus betrachten, erscheinen Probleme als »lösbar«. In der heutigen, technisch orientierten Zeit ist es so alltäglich geworden, Probleme zu »lösen«, daß auch existentielle Probleme nur unter diesem Aspekt betrachtet werden. *Rilke* führte da eine andere Perspektive vor: »Suche nicht die Antwort, die dir nicht gegeben werden kann, denn du könntest sie nicht leben; und es geht darum, alles zu leben. Lebe die Fragen jetzt.« Diese Haltung ist heute selten geworden. Probleme brauchen Beachtung. Ihre Ursache liegt in einem Ungleichgewicht in der Beziehung zum Selbst und zu anderen, so wie auch Eheprobleme auf etwas, was »zwischen« den Partnern geschieht, zurückzuführen sind. Sobald wir die Antwort im Problem selbst suchen, treten wir aus unserer egozentrischen Position heraus und können das »Zwischen« betrachten, d. h. die Existenz *aus dem Blickwinkel der Beziehung* wahrnehmen.

Der dialogische Ansatz begreift »Psychopathologie« als gescheiterten Dialog, als Überbleibsel eines versuchten »Dialogs«, auf den nicht reagiert wurde. »Pathologisches« Verhalten muß demnach als verzweifelter »Ruf« an die Welt verstanden werden, zu reagieren: zu erkennen, was sich »dahinter« versteckt, das bedürftige Antlitz hinter dem verletzten zu sehen, denn hinter jeder Angst verbirgt sich Sehnsucht und hinter jeder Aggression Verletzung.

Der Therapeut muß begreifen, was das diagnostizierte Problem über die Existenz dieses Menschen »aussagt«. Darauf weist auch *Rollo May* in seinen Bemerkungen über neurotisches Verhalten hin:

> »Ist die Neurose nicht eher genau die Methode, mit der man sein Zentrum, seine Existenz bewahrt? Die Symptome sind Mittel, um den Bereich der eigenen Welt einzuschränken... damit die Zentriertheit der eigenen Existenz vor Bedrohung geschützt ist; Aspekte der Umwelt werden abgeblockt, damit man dem Rest genügen kann.« (1983, S. 26)

Wenn mir jemand in der Therapie gegenübersitzt, versuche ich zu begreifen, was sein Problem ihm und mir mitzuteilen versucht. Ich betrachte die vorhandenen Probleme also nicht isoliert, sondern als Störung der ganzen Existenz. Meist versteht der Klient nicht, was ihm das Problem sagt, er hat die Mitteilung nicht zur Kenntnis genommen oder weigert sich, die Botschaft anzunehmen und zu integrieren, weil sie gegen sein Selbstbild verstößt.

Diese Auffassung macht einen Paradigmenwechsel für die Begriffe Psychopathologie und Diagnose nötig. Dabei geht es *nicht* um eine Technik, sondern um eine umfassende Einstellung, die den *Wert* des

Problems akzeptiert. Nötig ist ein dialogisches und dialektisches Verständnis der menschlichen Entwicklung. *Buber* sagt das sehr deutlich: »Wenn ich den Menschen umfassender und tiefer verstehe, sehe ich seine ganze Polarität, und dann sehe ich, daß das Schlimmste in ihm und das Beste in ihm voneinander abhängig, aneinander gebunden ist« (*Buber* 1965b, S. 180). Es geht also darum, die Bemühungen entgegengesetzter Polaritäten um einen Ausgleich zu erkennen. Gerade das Unausgeglichene fordert den Ausgleich. Wir brauchen ein dialektisches Verständnis von Entwicklung, das berücksichtigt, daß Menschen sich im Prozeß des Wachsens sowohl »rückwärts« wie »vorwärts« bewegen.

Das ist eine Figur-Grund-Umkehrung des üblichen linearen Entwicklungsbegriffs. Wir treten aus der Ich-Haltung heraus und betrachten die Existenz aus einer anderen Perspektive. Das bedeutet, alle Bereiche unserer Existenz, einschließlich der Probleme, als Teil des Selbst anzuerkennen. Alle Aspekte des Selbst gehören zusammen, weil jeder Aspekt von Wert ist. Es ist Aufgabe des Menschen, zu entdecken, worin dieser Wert besteht. Damit ist ein Schritt weg vom »Ich« und hin zum »Zwischen« getan: zwischen Bewußtem und Unbewußten, Psyche und Körper, zwischen Ich und Selbst, Ich und dem Anderen. Weil wir uns so sehr daran gewöhnt haben, Probleme zu lösen, ist es jetzt verwirrend, ihre Bedeutung schätzen zu lernen. *Probleme müssen nicht eliminiert, sondern integriert werden.* *Rilke* hat das wohl intuitiv begriffen, als er seine psychoanalytische Behandlung nach der ersten Sitzung mit der Bemerkung abbrach: »Wenn Sie mir meine Teufel nehmen, nehmen Sie mir auch die Engel.« Mit der Sensibilität des Dichters hat er die wechselseitige Beziehung zwischen der problematischen und der kreativen Seite gesehen. Das eine »bewirkt« nicht das andere, sondern »informiert« es. Auch *Freud* verstand die Wechselbeziehung zwischen Kreativität und Leiden intuitiv. *Pickering* (1974) kommentiert diese Beziehung bei *Freud*:

»Er hat nicht gut gearbeitet, wenn er zu glücklich oder zu depressiv und gehemmt war. Er brauchte etwas dazwischen. Das ist in einem Brief vom 16. April 1896 gut ausgedrückt: 'Ich bin (aus den Ferien) mit einem herrlichen Gefühl von Unabhängigkeit zurückgekehrt und fühle mich allzu wohl; seit der Rückkehr war ich träge, weil sich das gemäßigte Elend, das für intensive Arbeit nötig ist, nicht einstellen will.'«

Unsere Probleme sind das Herzblut des Lebens. Sie zwingen zur Auseinandersetzung mit Aspekten von uns selbst und der Welt, die wir lieber vermeiden. Sie schaffen eine Spannung, die die Lebendigkeit des Seins steigert, wenn wir aufmerksam dafür sind. Es ist eine der Ironien des Lebens, daß gerade das Macht über uns bekommt, was wir verleugnen. Je mehr wir Teile von uns verleugnen, desto mehr Energie ist nötig, um sie abgespalten zu halten.

Wenn wir nicht auf ihre Botschaft hören, steigern sich die Störungen. Die Fallgeschichte von »Laurence«, die *James F. Bugental* (1976) beschrieben hat, ist ein hervorragendes Beispiel dafür. Laurence, der Prototyp eines modernen Mannes, hatte sein Leben lang alles »richtig« gemacht: Sein Beruf war prestigeträchtig, herausfordernd und gut bezahlt, seine Kleidung tadellos, sein Auto sehr teuer, und er hatte die »richtige« Frau geheiratet. Äußerlich verkörperte Laurence also den Inbegriff des Erfolgs. Aber innerlich war er ein »Niemand«, eine lebendige Maschine, er hatte sich selbst zum »Es« gemacht. Er war einer der »Höhlenmenschen« von T. S. Eliot.

Er kam zu Bugental in die Therapie wegen des einen Problems, dessen er sich bewußt war: unkontrollierbare und erschreckende Angstanfälle, die er »kurieren« haben wollte. Er verhielt sich wie ein Kunde in einer Autowerkstatt, der eine schnelle Reparatur braucht. Seinem objektiv orientierten Lebensstil entsprechend wollte er eine technische Lösung für ein in seinen Augen technisches Problem.

Allerdings war das Problem, das er wahrnahm, überhaupt nicht das eigentliche Problem! Bugental hat klar herausgearbeitet, daß die Angstanfälle den letzten lebendigen Bereich seiner selbst-objektivierten Existenz darstellten, das letzte Refugium seines Menschseins. Sein »Sein« versuchte verzweifelt, ihn darüber in Kontakt mit seinem Menschsein zu halten. Statt den Defekt zu »reparieren«, ging es für Laurence vielmehr darum, *das Problem zu akzeptieren* und hinzuhören, was es ihm mitteilen wollte: Die Notwendigkeit, sein Leben grundlegend zu verändern. Die Störung wies deutlich darauf hin, daß er sich selbst und andere als Objekte behandelte, sich selbst nicht *kannte*, sondern nur etwas *über* sich wußte; sie zeigte dringend, daß er sich nicht länger als technischen Apparat betrachten dürfe, den man reparieren kann. Gerade weil er sich so übermäßig kontrollierte, waren die Angstanfälle außerhalb seiner Kontrolle. Übermäßige Kontrolle führt dialektisch zu unkontrollierbaren Ausbrüchen! Das alles wollte Laurence nicht akzeptieren.

Bugental fokussierte also in der Therapie auf die Entwicklung »subjektiver« Bewußtheit und eines Gespürs für seine Existenz. Er half ihm, seine Anpassung zu verringern. In der heutigen von Anpassung an soziale Regeln, ja sogar an kurzlebige Moden besessenen Zeit sollte man sich *Rollo Mays* Kritik an dieser Anpassung und »Normalität« vor Augen halten: »Neurose ist nichts anderes als Anpassung, das ist das Problem. Anpassung ist notwendig, weil dadurch Zentriertheit bewahrt werden kann; man akzeptiert das Nichtsein, um ein wenig vom Sein zu bewahren. Und in den meisten Fällen ist es ein Segen, wenn diese Anpassung zusammenbricht« (1983, S. 26). Die perfekte Anpassung an die herrschende soziale Atmosphäre hinderte Laurence daran, sein Sein zu erfahren. Die Angstanfälle könnten nur dann verschwinden, wenn er auf ihre Botschaft hören, d. h. wenn er sich nicht mehr selbst als Objekt betrachten, sondern anfangen würde, seine Existenz zu erspüren.

Ein Beispiel aus meiner eigenen Praxis soll das unterstreichen. Die 25jährige Klientin kam zu mir, weil sie an spastischer Colitis litt, eine psychosomatische Störung, die eine Kontrolle der Darmfunktion verhindert. Sie war seit Jahren in ärztlicher Behandlung, aber die Medikamente konnten das Problem nicht beseitigen. Ihr Krankheitsbild wies auf starke psychische Komponenten. Ihr Arzt hatte sie in die Psychotherapie überwiesen, um die psychischen Faktoren, insbesondere Streß, zu behandeln.

Die Klientin war eine zweifellos begabte Opernsängerin. Sie wollte, daß ich ihr half, ihren Streß zu verringern, damit sie symptomfrei öffentlich auftreten könnte. Ihre erkennbare Angst vor offiziellen Auftritten war offensichtlich ihr Dilemma.

Es zeigte sich bald, daß ihre inneren Ansprüche an Perfektion unerreichbar hoch waren. Sie fühlte sich stets bewertet und bewertete sich unaufhörlich selbst. Weil sie immer eine »Rolle« spielte, machte sie die zusätzliche Belastung eines offiziellen Auftritts arbeitsunfähig, was dann zu schweren Depressionen bis hin zur Selbstmordgefahr führte, so als wolle sie den Anteil ihrer Person töten, der sie quälte.

Sie war von einer rigiden Mutter und einem gleichgültigen Vater erzogen worden und versuchte deshalb, stets zu gefallen. Auszeichnen konnte sie sich nur über ihr Singen. Die Eltern erkannten ihre Begabung früh und schickten sie auf die besten Musikschulen. Ihr ganzen Leben schien vorgezeichnet: Den Wünschen der Eltern entsprechend sollte sie Opernsängerin werden und eine glänzende Karriere machen. Und sie hielt das jahrelang auch für ihren eigenen Wunsch.

In unserer Kultur werden solche Entscheidungen häufig ausschließlich unter dem Einfluß des bewußten »Ichs« getroffen, ohne Berücksichtigung des ganzen Selbst und seiner Botschaft. Die Unfähigkeit zu erkennen, daß das bewußte Ich nur *ein* Aspekt des Dialogs mit der Welt ist und daß es viele Ebenen dieses Dialogs gibt, auf die wir achten müssen, ist tragisch.

Meist ist es dann der Körper, der auf den unvollständigen Dialog hinweist. So revoltierte denn auch bei dieser Klientin ihr Körper, aber sie war *nicht bereit*, darauf zu hören, weil diese unbewußte Botschaft von ihren bewußten Ziele überlagert wurde. Ihr Körper »sprach«, konnte sich aber kein Gehör verschaffen.

In den ersten sechs Monaten der Therapie arbeiteten wir daran, den Streß zu reduzieren und die Dynamik zu ändern, die sie dazu brachte, stets eine »Rolle« spielen zu müssen und perfektionistische Ansprüche an sich zu stellen. Dabei wurde deutlich, daß ihre Angst vor Auftritten durchaus kein generelles Lampenfieber war, sondern sich auf den offiziellen Rahmen der Oper bezog. Bei ihren nebenberuflichen Auftritten mit einer Band in einem kleinen Jazzklub hatte sie diese Angst nicht! Sie gab zu, daß sie eigentlich viel lieber in Jazzbands singen würde, glaubte aber, damit ihre Eltern und ihre eigenen bewußten Karrierewünsche zu verraten. Im Verlauf der therapeutischen Versuche, ihre Belastungen zu verringern, wurde sie immer depressiver und sogar selbstmordgefährdet, weil sie zunehmend einsah, daß sich ihre perfektionistischen Ansprüche an die eigene berufliche Leistung dadurch nicht änderten. Sie hatte Angst, sie könne die Leistung nie erbringen, die sie erbringen zu müssen *glaubte*, obwohl sie zeitweise ernsthaft zweifelte, ob sie diesen Beruf wirklich ausüben *wollte*. Solche Zweifel schienen ihr jedoch als Verrat an ihrer Familie, als Verletzung der »unsichtbaren Loyalität«[1]. Sie hatte das Gefühl, ihre Familie schon so oft enttäuscht zu haben, daß sie es nicht ertragen konnte, sie abermals zu enttäuschen, schon gar nicht in diesem so wichtigen Bereich. Die Last der gesammelten Hoffnungen der Familie ruhte auf ihren Schultern. Sie *glaubte*, sie tragen zu können, aber ihr Körper weigerte sich.

Unsere Arbeit steckte in der Sackgasse. Sie konnte ihre Belastungen nicht verringern, schaffte es aber aus durchaus verständlichen Gründen genausowenig, die Situation zu ändern, die sie am meisten belastete. Der Wendepunkt kam, als ich sie aufforderte, auf ihren Körper zu hören. Ich bot ihr eine Rollenspiel-Situation an, in der sie den Part ihres Darms übernehmen sollte. Ihr »Darm« sagte in sehr deutlicher Sprache, er könne es nicht mehr aushalten. Er habe all die Erwartungen und den ganzen Perfektionismus so viele Jahre mitgemacht, sei aber jetzt zusammengebrochen und könne die Belastung durch die Opernauftritte nicht mehr verkraften. Er warnte sie, die physische Situation würde sich verschlechtern, wenn sie ihre Karriere weiter verfolge. Er brauche mindestens eine Pause, wenn nicht eine völlige Veränderung ihres Berufsziels. Meine Klientin wehrte diese »Antwort« ab, sie konnte sie nicht akzeptieren. In den nächsten sechs Monaten spielten wir dieses Rollenspiel immer wieder, und jedesmal lehnte sie die vorgeschlagene Lösung massiv ab. Die Reaktion des »Darms« war im wesentlichen: »Bekämpfe mich, wenn du willst. Hör nicht auf mich. Aber am Ende werde ich doch gewinnen, weil ich die Wahrheit erkenne, vor der du dich verstecken willst.« Verzweifelt fragte sie schließlich, was sie denn mit ihrem Leben machen sollte. Der »Darm« antwortete, sie solle tun, was sie wirklich *wollte*: in einer Jazz-Band singen. Zögernd begann sie, der authentischen Aussage ihres Körpers zuzuhören, und begriff allmählich, daß die Antwort auf ihr Problem darin angelegt war. Ihre Aufgabe bestand darin, die Antwort zu *akzeptieren*: *Sie in ihr ganzes Sein zu integrieren*. Jeder Mensch muß lernen, nicht nur auf sein bewußtes, sondern sein ganzes Sein zu hören. Darin liegt Gewinn wie Verlust: man verliert die Unschuld, aber gewinnt Weisheit. Die Geschichte der Menschheit bezeugt, daß Weisheit zu keinem geringeren Preis zu gewinnen ist.

Weil die Antworten auf das Problem den Erwartungen und bewußten Selbstbildern nicht entsprechen, werden sie bekämpft. Je mehr eine bestimmte Bewußtheit unterdrückt wird, desto stärker die Reaktion. Das Ausmaß des psychischen Leidens steht in direktem Verhältnis zum Ausmaß der Ablösung von der Bewußtheit. In Extremfällen, in denen ein Mensch übermäßig Ich-identifiziert und deshalb resistent gegen die Betrachtung anderer Perspektiven ist, kommt es zum massiven Zusammenbruch der psychischen Strukturen. Wohl jeder wehrt die tieferen Bedeutungen zunächst ab, weil sie das gewohnte Leben, die Planung, das Gefühl der Kontrolle, ja sogar die Überzeugung, alles kontrollieren zu können, zerstört, eine Illusion, die dem Menschen sehr am Herzen liegt.

Der Körper, oft ein wichtiger Übermittler dieser Botschaft, zerstört diese Illusion besonders nachhaltig. Der Mensch des 20. Jahrhunderts hat die Botschafterfunktion des Körpers ignoriert, weil er zu sehr mit dem »Kopf« beschäftigt ist. Er hat den Körper abgespalten und sich von ihm entfremdet. Deshalb fällt es gerade heute so schwer, die Botschaften des Körpers zu »hören«.

Der Körper besitzt kein so differenziertes Vokabular wie die verbale Sprache, aber er *spricht* — zunächst durch allgemeines Unwohlsein, dann durch Schmerz. Seine Sprache ist eher global. Körperlicher Schmerz zeigt das sehr deutlich: Wenn man z. B. das erste Mal zu weit läuft, spürt man das am nächsten Tag. Damit weist der Körper darauf hin, daß der Verstand, der *gedacht* hat, man müßte das können, nicht im Einklang mit dem Körper war. Physischer Schmerz ist die Botschaft, daß etwas nicht in Ordnung ist. Das Problem für den Therapeuten liegt darin, daß die Klienten meist technische Lösungen wollen. Sie wollen Lösungen, eine Art »Heilpflaster«, sie wollen, verständlicherweise, daß der Schmerz sofort verschwindet, und nicht bei ihm bleiben, damit er aus der Tiefe zu ihnen sprechen kann. Natürlich soll der Therapeut Trost geben, aber ohne die tiefere Botschaft zu verschleiern, die dem Schmerz manchmal zugrunde liegt.

Der Therapeut braucht also eine andere Haltung: ein rezeptives Bewußtsein, eine Offenheit für das Sein, die eine größere Realität als nur das Ich-Bewußtsein anerkennt. *Das größte Problem des modernen Menschen ist die Herrschaft des Ich.* Weil das Ich bestimmte physische und emotionale Realitäten ignoriert, verursacht es oft körperliche Schwierigkeiten wie Unwohlsein und Schmerz. Wir versuchen heute, die *Grenzen unserer Existenz zu ignorieren und verleugnen damit den Kern unseres Menschseins.* Die Fixierung unserer Zeit auf Jugend und materiellen Besitz und die damit einhergehende Vermeidung des Akzeptierens von Alter und Tod sind deutliche Zeichen dafür.

Ein anderes Beispiel aus meiner Praxis soll die Bedeutung der Körper-»Botschaften« illustrieren. Eine 35jährige Frau kam zu mir wegen einer chronischen, sehr schmerzhaften und lästigen Harnleiterinfektion. Sie war seit zwanzig Jahren in medizinischer Behandlung und hatte sich sogar Experimenten mit neuen Behandlungsmethoden unterworfen, aber ohne jeden Erfolg. Ihr Arzt hatte sie überwiesen, um die psychischen Folgen der Krankheit behandeln zu lassen. Sie war berufstätig, und die immer wiederkehrenden Infektionen schränkten ihre sozialen Kontakte und zunehmend auch ihre beruflichen Leistungen und Beförderungschancen ein, weil sie so häufig fehlte. Ihr eigener Körper hatte ihr eine »Falle« gestellt.

Bei der ausführlichen Anamnese fiel auf, daß ihre Infektionen in der Kindheit begonnen hatten, gewöhnlich um die Zeit, in der die Familie in Ferien fuhr. Sie erzählte, daß sie früher oft in einer eigenen Hütte Ferien gemacht hatten. Die Klientin hatte diese ausgedehnten Reisen schon früh abgelehnt, weil sie dadurch von ihren engsten Freunden und von sozialen Aktivitäten, die ihr wichtiger waren, getrennt wurde. In der Familie fühlte sie sich »in der Falle«. Der Vater, normalerweise ein »workaholic«, freute sich auf diese Ferien, die seine einzige Entspannungsmöglichkeit waren. Wie der Rest der Familie hatte auch die Klientin allein schon bei dem Gedanken ungeheure Schuldgefühle, ihr Mißfallen darüber zu äußern, daß sie so lange an einem Ort bleiben mußte, wo sie gar nicht sein wollte. Obwohl sie sich am liebsten »verpisst« hätte, gab sie ihrem Ärger und ihrer Wut in der Familie nie direkt Ausdruck.

Das Gefühl, in der Falle zu sitzen, übertrug sich auf ihr Sozialleben als Erwachsene. Schon als junge Frau ging sie soziale Verpflichtungen ein, die sie eigentlich nicht wollte, fühlte sich aber ungeheuer schuldig, wenn sie daran dachte, abzulehnen. Meist mochte sie die Leute nicht einmal, mit denen sie ihre Zeit verbrachte, und wieder fühlte sie sich gefangen. Nach einer Weile wurde klar, daß es meist eine direkte Übereinstimmung gab zwischen der Teilnahme an einem sozialen Ereignis, bei dem sie sich gefangen fühlte, und der darauf folgenden Harnleiterentzündung. Es schien, als ob sich ihr Harnleiter unter Streß verkrampfte. Sie ärgerte sich über diese Leute und über sich selbst, konnte ihren Ärger aber nicht direkt ausdrücken. Ihre einzige Möglichkeit, die Kontrolle zu behalten, schien die, *alle* Einladungen abzulehnen, was aber zu Isolation und Depression führte.

Nachdem wir begonnen hatten, auf die Botschaften ihres Körpers zu hören, wurde deutlich, daß sie zunächst lernen mußte, Ärger auszudrücken. Wichtig war, daß sie lernte, auf ihren Körper zu hören und herauszufinden, wann sie sich »verpissen« wollte, weil sie Schwierigkeiten hatte, das auf der Bewußtseinsebene zu erkennen. Bis dahin hatte sie immer wieder Träume, in denen sie »in der Falle« steckte, aber jetzt träumte sie häufig, daß sie wütend sei, ein deutliches Zeichen für einen Fortschritt. Ein weiteres Arbeitsfeld war die Stärkung ihrer Fähigkeit zur Selbstbehauptung, damit sie kreativ unterscheiden lernte, welche Einladungen sie annehmen und welche sie ablehnen wollte. Am Ende der Therapie waren die Infektionen vergleichsweise selten geworden, und sie betrachtete ihren Körper nicht länger als Falle.

Der Therapeut muß zum Zuhörer für die Botschaft des Problems werden. Das ist wesentlich für Dialog und Dialektik der Therapie. Seine Perspektive und seine Gegenwärtigkeit als Zuhörer verlangt, daß er die Stimme des Problems *in sich klingen* läßt und in das »Zwischen« eintritt. Es geht darum, zu verstehen, was das »Problem« mitteilen will, und dem Klienten zu helfen, diese Botschaft im Kontext seiner Existenz zu begreifen; d. h. der Therapeut wird zum Vermittler. Er muß dem Problem auf einer tieferen Ebene zuhören können, als der Klient das kann. Diese »Außen«-Perspektive ist oft notwendig, um den Klienten, der wie wir alle gelernt hat, diese tieferen Botschaften zu ignorieren, wieder dafür zu sensibilisieren. Darüber hinaus ist die »Sprache« dieser Botschaften oft schwer zu entziffern. Die Sprache des Körpers ist in vieler Hinsicht fremd geworden, und die meisten Menschen leiden unter dieser Entfremdung. *Es ist Aufgabe des Therapeuten, diese Sprache zu entziffern und in eine Sprache zu »übersetzen«, die der Klient verstehen kann,* sowie dafür zu sorgen, daß diese Stimme in seiner Existenz vernommen wird. Der Klient muß in der Therapie dazu »erzogen« werden, zu verstehen, wie sein Problem ihm zu mehr Integration seiner Person verhelfen kann, eine Erziehungsaufgabe, die die Gesellschaft heute so gut wie nie übernimmt. *John Welwood* (1983) zeigt an einem Beispiel, wie der Therapeut »hört«, was sein Klient *nicht* wahrnimmt:

»Ich schreibe über diesen Klienten, weil all seine Symptome in der einen oder andern Form immer wieder auf das Thema seiner Verletzlichkeit zurückweisen. Sein Exhibitionismus z. B. ist eins dieser verblüffend treffenden Symptome, die als perfekte Symbole gelten können. Er konnte darüber seine Verletzlichkeit darstellen und gleichzeitig ein gewisses Maß an Kontrolle und Macht behalten. Seine Angst davor, homosexuell zu sein, stand in Verbindung mit der Angst vor seiner Weichheit. Sein Alkoholismus — sich betrinken und »auf Tour« gehen — gab ihm die Möglichkeit, das Kind in sich von seiner Kontrolle zu befreien, so daß er seine Spontaneität und Lebendigkeit spüren konnte. Und seine Kälte Frauen gegenüber schließlich hing deutlich mit der Angst zusammen, ihnen ausgeliefert und wieder in einer verletzlichen Position zu sein.« (S. 156f)

Der Klient konnte all das anfänglich nicht wahrnehmen. Er brauchte den Therapeuten als Vermittler in diesem »Dialog«. Er mußte sensibilisiert werden, um *zum Resonanzboden für das Echo seiner Existenz werden zu können.*

Der Widerstand gegen die Antwort

Die Antwort auf das Problem ruft unweigerlich Widerstand hervor. Dieser Widerstand entsteht, weil ein hartnäckiges Problem meist mitteilt, daß *größere* Veränderungen des Lebensstils notwendig sind. Die meisten Menschen wollen aber eine Art »Schnellreparatur«, um ihr Leben wie gewohnt weiterführen zu können. Das Symptom soll behandelt werden, aber ohne die durchgreifenden Änderungen, die die zugrundeliegende Krankheit beseitigen können. Der Status quo widersetzt sich der Veränderung sehr heftig, auch wenn die Krankheit mitzuteilen versucht, daß der Status quo nicht mehr gesund ist. Die ursprünglich hilfreiche Anpassung ist kontraproduktiv geworden.

Das bedeutet aber, daß es etwas gibt, was unerbittlich aufgegeben werden muß. Aber fast alle Menschen neigen dazu, an der Sicherheit des Status quo festzuhalten, auch wenn sie problematisch ist. Der Widerstand erkennt implizit das Risiko. Man muß das Problem gewissermaßen *werden*, sich vollständig mit ihm identifizieren und es als Teil des Selbst anerkennen. Damit beginnt bereits der Integrationsprozeß der abgespaltenen Teile. Empathie läßt sich wohl am besten herstellen, wenn man sich mit dem anderen identifiziert oder seine Rolle übernimmt. Dabei kann sogar ein vermeintlicher »Feind« zum Freund werden. Dasselbe gilt für unsere Probleme. In der Tradition des Zen hat Suzuki das treffend ausgedrückt: »Stelle dich einfach mitten ins Problem. Wenn du Teil des Problems bist oder das Problem ein Teil von dir ist, gibt es *kein* Problem, weil du selbst das Problem bist. Das Problem bist du selbst. Wenn das so ist, gibt es kein Problem« (*Shunryu Suzuki* 1970, S. 82). Mit dieser Identifikation und Reintegration beginnt der Heilungsprozeß. Wir müssen den »Dialog« mit dem Problem aufnehmen. Das eröffnet auch den Dialog mit anderen, denn die Öffnung für die verleugneten Teile des Selbst ermöglicht die Einsicht in die eigene Zerbrechlichkeit und damit größeres Mitgefühl für die Zerbrechlichkeit anderer. Dementsprechend können wir »Projektionen« aufgeben und den anderen wirklich begegnen, nicht von »Projektion zu Projektion«, sondern von Person zu Person.

Anmerkungen

1) *Boszormenyi-Nagy, I.* und *Spark, G. M.,*, Invisible Loyalties, New York 1973.

10.

Die Weisheit des Widerstands

»Widerstand gibt es, und es gibt ihn nicht.«

Miriam Polster[1]

Seit *Freud* ist viel über den »Widerstand« geschrieben worden. In diesem Kapitel geht es also nicht um eine weitere Analyse des Widerstands, sondern eher um eine andere Perspektive, die im dialogischen Verständnis wurzelt. Danach ist Widerstand ein Phänomen des »Zwischen«, Überbleibsel eines versuchten Dialogs, der mitten im Satz abgeschnitten wurde. Die Wurzeln des Widerstands liegen nicht nur im innerpsychischen, sondern genauso im interpersonalen und ontologischen Bereich. Das bedeutet, daß der Widerstand, wie er sich in der Therapie manifestiert, Produkt der Interaktion zwischen Therapeut und Klient ist, und nicht allein Sache des Klienten.

Widerstand als Selbstschutz

Widerstand wird traditionell als einseitige Angelegenheit verstanden: Der Klient baut unbewußt Hindernisse für die Therapie auf. Das ist richtig, doch Widerstand ist sehr viel mehr. Jeder sogenannte Widerstand ist ein Ausdruck der Verletzbarkeit des Klienten, ist ein »Signal« für die Angst, Risiken einzugehen, die durch die vorangegangenen Erfahrungen nicht unterstützt werden. Widerstand ist eine wichtige Form des Selbstschutzes, eine »Mauer«, die *immer* zwei Seiten hat.

Von »außen« betrachtet, scheint der Klient verschlossen; aber vom subjektiven Standpunkt aus gesehen vermeidet er psychische Verletzung. »Erfahrene Therapeuten wissen, daß es zu keinen erkennbaren therapeutischen Ergebnissen führt, wenn man die Art des Widerstands eines Klienten klärt, solange der Analytiker nicht die subjektive Gefahr oder den emotionalen Konflikt korrekt identifizieren kann, die den Widerstand gefühlsmäßig notwendig machen« (*Atwood* und *Stolorow*, 1984, S. 63). Widerstand ist die »Mauer«, die frühe und tiefe Wunden umschließt. Sie ist bestenfalls teilweise zu durchdringen. Der Therapeut muß dem Klienten helfen, diese Mauer durchlässiger zu machen, sich für lebendigere Möglichkeiten zu öffnen. Das ist keine leichte Aufgabe. *Buber*, der die Gelegenheiten zu echtem Dialog »Zeichen« nennt, meint:

> »Jeder von uns steckt in einem Panzer, dessen Aufgabe ist, die Zeichen abzuwehren. Zeichen geschehen uns unablässig, leben heißt angeredet werden, wir brauchten nur uns zu stellen, nur zu vernehmen. Aber das Wagnis ist uns zu gefährlich, die lautlosen Donner scheinen uns mit Vernichtung zu bedrohen, und wir vervollkommnen von Geschlecht zu Geschlecht den Schutzapparat«. (1962, S. 183)

Die Weisheit des Widerstands

Wenn man das Auftauchen von Widerstand als Schutzfunktion begreift, die in dem Moment einsetzt, in dem die nötige innere Unterstützung für den Umgang mit einer bedrohlichen Situation einer Person zu fehlen scheint, kann man durchaus von der »Weisheit« des Widerstands sprechen. Es ist außerordentlich weise, sich dann zu schützen — eine Mauer zu errichten, die als bedrohlich Erlebtes ausschließt. Es ist weise, seine Ressourcen für eine spätere Nutzbarmachung zu sammeln. Das Problem liegt darin, daß der Widerstand anachronistisch ist, d. h. nicht auf die *gegenwärtige* Situation reagiert.

Die »Entscheidung«, die vor langer Zeit getroffen wurde, gerät in Vergessenheit und verhindert eine angemessene Anwendung der momentanen Möglichkeiten. Trägheit breitet sich aus, denn Angst verhindert Wachstum.

Widerstand kann ein tiefer Ausdruck eines verzweifelten Bedürfnisses sein, die einzige Möglichkeit, für sich selbst zu sorgen, vergleichbar dem neu gelernten »Nein«, das für ein Kind eine der ersten Möglichkeiten ist, sich wahrzunehmen und die eigene Identität zu behaupten. Widerstand kann durchaus ein internalisierter, aber verstümmelter »Versorger« sein, Ersatz für die Eltern, die das Kind hätten beschützen und ihm Grenzen setzen sollen. Unglücklicherweise unterscheidet sich Widerstand von wirklichen Versorgern darin, daß er überwiegend abwehrt anstatt zu nähren, mehr noch, Widerstandsverhalten schneidet paradoxerweise die Nahrung ab, die andere geben könnten. Das Schwergewicht liegt auf der Abwehr wirklicher und eingebildeter Gefahren, was wiederum Menschen zurückstößt, die wirklich nährende und heilende Interaktionen geben können. Widerstand schützt, aber er verhindert auch Wachstum, weil er den Dialog mit der Welt unterbricht. *Buber* spricht in diesem Zusammenhang von den »sieben Eisenbanden um unser Herz«.[2]

Die innerpsychischen Wurzeln des Widerstands sind interpersonal. Sein Ursprung liegt in der typischen Offenheit und Verletzlichkeit der Kindheit. Diese ursprüngliche Offenheit der frühen Jahre ist ein Garant für den unvermeidlichen Schmerz, der bestenfalls aus »Vergegnungen« (mißlungenen Begegnungen) und schlimmstenfalls aus bösartigen Rückständen der Verletzungen und schlimmen Erfahrungen der Eltern resultiert. Er entsteht aus dem Zerbrechen der Illusion kindlicher Vollkommenheit, der erschreckenden Bewußtheit, daß man nicht immer akzeptiert wird oder akzeptabel ist, kurz, aus der Erkenntnis, daß es nicht genügt, nur zu »sein«, sondern daß man auch etwas »tun« muß — und Tun beinhaltet immer Risiko und die Angst, unakzeptiert und ungeliebt zu bleiben.

Wenn wir die Notwendigkeit, dem Klienten in seiner Erfahrungswelt zu begegnen, ernst nehmen, ist es unabdingbar, die Anteile in der Person des Klienten zu begreifen, die Widerstand leisten. Wenn der Therapeut den »Widerstand« eines Klienten, seinen Selbstschutz nicht schätzen kann, so ist er nicht wirklich in dessen Erfahrungswelt eingedrungen. Laut *Searles*: »Je eher ich das Ausmaß des Widerstands auf seiten des Klienten akzeptieren kann, anstatt mit noch so sensiblen und klugen Deutungen gegen ihn anzugehen, desto eher kommt der freudige Tag, an dem er fruchtbarer mit mir in Beziehung tritt« (1986, S. 11). Erst dann kann eine wirkliche Beziehung aufgebaut werden.

> »Anstatt sich zu bemühen, den Widerstand zu verringern, sollte man besser auf ihn fokussieren, weil ein Mensch bestenfalls durch seinen Widerstand wächst und der Widerstand schlimmstenfalls Teil seiner Identität ist. Das Verhalten einfach als Widerstand zu kategorisieren, führt in die Irre. Es ist ein leerer Traum, durch die Beseitigung des Widerstands zu einer ursprünglichen Reinheit zurückzukehren, denn ein Mensch, der Widerstand aufgebaut hat, ist ein neuer Mensch, und es gibt keinen Weg zurück.« (*Polster* und *Polster* 1973, S. 52)

Widerstand ist keine Nebenerscheinung, sondern ein Aspekt des In-der-Welt-Seins eines Menschen. Er ist eher einer der »festeren« Teile des Selbst, d. h. der Klient ist sehr daran gewöhnt, auf seine Art Widerstand zu leisten, er rechnet gewohnheitsmäßig damit, daß jemand ihn angreift oder seine Grenzen verletzt. Berechenbare Reaktionen auf andere geben also eine, wenn auch brüchige, »Sicherheit«. Die kann »pathologisch« sein, selbstzerstörerisch, aber man muß berücksichtigen, wie wichtig das Gefühl ist, zumindest diesen Teil des Selbst zu »kennen«. Man »wählt« lieber die Pathologie als das Unbekannte, weil die »pathologische« Berechenbarkeit mehr Sicherheit gibt, vergleichbar etwa einem Stück Treibholz im Ozean. Das bietet einen Halt in einer als unsicher erlebten Welt, ist zunächst die Rettung, führt aber letztlich zum Untergang. Die lebendige Abwehr wird zum anachronistischen Überbleibsel.

Widerstand ist immer auch eine Reaktion auf vielfältige Bedürfnisse. Was auf einer Ebene als Widerstand gilt, kann auf einer anderen tatsächlich die Bedürfnisse befriedigen. Der Dichter *Walt Whitman* hat das gut beschrieben: »Widerspreche ich mir? Gut, dann widerspreche ich mir, ich bin groß, in mir wohnt Mannigfaltigkeit.« Das ist der Kern der Ambivalenz. Auf der einen Ebene möchte man z. B. studieren, auf der anderen stehen Sicherheitsbedürfnisse und die Anforderungen der Familie, denen man auch entsprechen will. Obwohl man sagt, man wolle studieren, arbeitet man gleichzeitig dagegen. Das kann man nicht einfach Widerstand nennen, es handelt sich um zwei entgegengesetzte oder in Widerstreit liegende Bedürfnisse, von denen einige wichtiger sind als andere.

Zu Beginn der Therapie kann der Klient seinen Widerstand nicht schätzen. Er hat diesen Teil von sich verleugnet oder abgespalten und liegt folglich mit sich selbst im Krieg. Ein Anteil will Risiken eingehen, vorwärts gehen, wachsen, ein anderer sich zurückhalten, zögern, schützen. Es gibt eine deutlich ambivalente Haltung zum Widerstand: Der unbewußte Widerstand wird vom Klienten auf einer anderen Ebene als gegen sich selbst gerichtet wahrgenommen.

Ein allzu starkes Interesse an der »Heilung« des Klienten ruft meist weiteren Widerstand hervor. Schließlich hat der Klient sich seit langem an sein Widerstandsverhalten gewöhnt und kann es nicht einfach aufgeben, selbst wenn er es manchmal als Hindernis betrachtet. Wenn man jemanden »heilen« will, zwingt man ihm ein äußeres Ziel auf und begegnet ihm nicht am Ort seiner Verletzlichkeit.

Die anfängliche Aufgabe des dialogisch orientierten Therapeuten besteht darin, die Weisheit des Widerstands schätzen zu lernen. Damit verschiebt sich die traditionelle Perspektive zu einer Anerkennung der Verwurzelung der Existenz im »Zwischen«. Damit verbunden ist natürlich auch die Einsicht, daß der Widerstand starke Einschränkungen mit sich bringt; aber darauf sollte in einem späteren Stadium der Therapie fokussiert werden, weil sonst die Therapie zum Schlachtfeld mit einem »Gewinner« und einem »Verlierer« wird anstatt zum heilen-

den Unternehmen. Der »Tanz« mit dem Klienten und seinem Widerstand hat ein kompliziertes Schrittmuster und einen Rhythmus, in den
man nicht leicht hineinfindet. Es gibt so viele Möglichkeiten, aus dem
Takt zu geraten, daß man sich besser sehr behutsam darin bewegt.

Der Klient muß die *Paradoxie* begreifen lernen, daß sein Widerstand garantiert dann wächst, wenn er sich »äußere« Ziele setzt, um
ihn zu überwinden. Der erste Schritt in diesem Lernprozeß ist getan,
wenn er seinen Widerstand *erlebt. Frieda Fromm-Reichmann* hat einmal gesagt, Patienten brauchen ein Erleben und keine Erklärungen.
Hat der Klient seinen Widerstand einmal erlebt, muß man ihm helfen,
ihn als *integralen* Bestandteil von sich anzuerkennen, zu schätzen und
zu akzeptieren. Wenn man bedenkt, wie lange der Klient seinen Widerstand abgelehnt und abgespalten hat, wird die ganze Schwere dieser Aufgabe deutlich. Aber diese Arbeit ist unumgänglich, wenn man
wirklich von der phänomenologischen Erfahrung des Klienten ausgehen will.

Der kreative Wert des Widerstands

Die Auffassung, daß Widerstand ein *kreatives* Potential hat, stellt
häufig eine Figur-Grund-Umkehrung im Denken des Klienten und
auch des Therapeuten dar. Sie widerspricht der normalen Logik. Obwohl viel über die doppelte Natur des Widerstands geschrieben wurde,
haben meines Wissens nur wenige (z. B. Laura Perls, 1989) die phänomenologische Weisheit des Widerstands zu einem zentralen Schwerpunkt gemacht.

Dabei kann es sich nicht um einen »Trick« oder eine Technik des
Therapeuten handeln, sondern nur um eine *echte* Wertschätzung des
Widerstands als Teil des Klienten. Diese Haltung, diese Modellbil-
dung bietet ihm an, die bis jetzt verleugneten Teile von sich wertzuschätzen.

Zum Teil geht es dabei darum, die »Aussage« des Widerstands zu
verstehen, herauszufinden, was seine Botschaft ist. Echte Verände-

rung ist nur in dem Ausmaß möglich, in dem der Klient diese Botschaft, die oft aus den tiefsten Schichten des Selbst kommt, verstehen und integrieren kann. Echter Fortschritt in der Therapie beginnt erst dann, wenn der Klient bereit ist, die Weisheit seines Widerstands anzuerkennen und danach den *unermeßlichen* Wert seines Widerstandsverhaltens *schätzen* zu lernen. In dem Augenblick, in dem er sich nicht mehr für seinen sinnlosen Widerstand bestraft, hat sich die Dialektik von unrealistischen Erwartungen einerseits und dem Gefühl ständigen Versagens andererseits bereits verändert. Wenn man dem Widerstand Glauben schenkt, wird auch die andere, strafende Seite der Dialektik milder. Die innere Dynamik hat sich verändert. *Der Widerstand soll nicht bestraft, sondern umarmt werden!* Er muß nicht »durchbrochen«, sondern integriert werden. Es gibt nur eine Möglichkeit, den Ort zu erreichen, den man erreichen möchte: Man muß den Ort akzeptieren, von dem man ausgeht, auch wenn es nicht der ist, wo man sein will. Wachstum braucht die Integration scheinbar entgegengesetzter Polaritäten[3]. Die Wertschätzung des gesamten Selbst, d. h. paradoxerweise auch die Wertschätzung der als unerwünscht wahrgenommenen Anteile, ist der erste Schritt auf dem Weg zur Heilung.

Die fundamentale Frage an den Klienten lautet: »Auf welche Weise unterstützen Sie sich damit (mit dem Widerstandsverhalten)?« Nehmen wir zum Beispiel eine fünfzigjährige, seit langem übergewichtige Frau, die sagt, sie wolle abnehmen. Sie kann es aber nicht. Also beschimpft sie sich selbst — ohne Erfolg, aber das hat sie ihr ganzes Leben lang getan. Ihr Gewicht ist eine erlernte Form der Interaktion mit der Welt — mit einem Sicherheitsspielraum: *ein monologisches Bedürfnis nach Dialog.* In ihrem Gewicht und dieser Art des In-der-Welt-Seins liegt eine psychische *Stärke,* die nicht so einfach vernachlässigt werden kann. Übergewicht ist nach meiner Erfahrung für viele Frauen eine Möglichkeit, sich vor Männern und Sexualität zu schützen. Sie stellen ihr Gewicht zwischen sich und die Männer und reduzieren damit die Verletzungsgefahr. Übergewicht kann auch der Versuch sein, sich selbst Liebe zu geben. Wenn man keine Liebe von anderen bekommt, ist

»Zuwendung« über Essen ein möglicher, wenn auch schlechter Ersatz.

Ein anderes Beispiel: Bei einer Klientin mit depressiven Symptomen schien mir nach einiger Zeit, daß die Depressionen eher die Qualität eines Widerstands hatten. Sie bewahrten sie davor, Risiken in Beziehungen einzugehen, vor allem auch in der Beziehung zu mir in der Therapie. Ihre Depressionen wirkten auf mich eher wie Sturheit. Sie fühlte sich oft verloren, so als gäbe es keine Optionen für sie. Ihre Sturheit hielt die Bedrohung durch andere von ihr fern, gleichzeitig aber ein dürftiges Selbstgefühl aufrecht. Sie hatte sehr wenig Selbstvertrauen und noch weniger Vertrauen in die gute Absicht anderer, und die Mauer ihrer Sturheit war ein guter Schutz, der das Gebiet ihres Selbst absteckte. Auf dem Hintergrund ihrer Geschichte, vor allem in Bezug auf die Erfahrungen mit ihren Eltern, ließ sie in dieses Gebiet niemanden herein, und sie ließ sich auch nicht sagen, was sie zu tun hätte. Je klüger der Rat, desto größer ihr Widerstand. Sie sah meine Bemühungen, ihre Mauer zu übersteigen und eine engere Beziehung zu ihr aufzubauen, als Beleidigung an.

All meine Versuche, sie direkt zu erreichen, scheiterten, wie die vieler anderer vor mir. Allmählich verlor ich die Hoffnung, je eine solche Beziehung zu ihr herstellen zu können, wie sie mir als heilende Umgebung nötig schien. Und natürlich reagierte sie äußerst sensibel auf diese schwindende Hoffnung, weil es ihre Erfahrung, von anderen aufgegeben zu werden, verstärkte. Unabhängig vom Ausmaß an Widerstand und Angst löst doch bei jedem Menschen die Möglichkeit, andere könnten ihn nicht länger zu erreichen versuchen, *Entsetzen* aus. Man möchte verzweifelt erreicht werden, hat aber gleichzeitig Angst davor, sich selbst, seinen Selbstschutz, zu verlieren. Diese ontologische Ambivalenz wohnt jedem Widerstand inne.

Schließlich erkannte ich, daß ich die Weisheit ihres Widerstands schätzen lernen mußte. Er hatte sie schon »begleitet«, bevor unsere therapeutische Beziehung begonnen hatte, und er würde lange nach dem Ende der Therapie *für sie da sein.* Das war kein Eingeständnis meiner Unfähigkeit, ihr zu helfen, sondern die Einsicht in die Notwendigkeit, vor allem anderen einen *wesentlichen* Aspekt ihres Wesens anzuerkennen, der ihr auf anachronistische Art den Anschein von Schutz gab. Nur wenn sie lernte, diesem Teil ihrer selbst zu vertrauen, würde sie allmählich auch lernen, mir zu vertrauen. Ich sagte ihr also, sie müsse lernen, ihre Sturheit zu schätzen und sich darüber zu »freuen«, weil sie so bestimmend für ihr Selbstgefühl sei. Sie reagierte auf diesen überraschenden Vorschlag mit dem Bekenntnis, sie fühle sich »ertappt«, weil das gewissermaßen ihr »Geheimnis« gewesen sei, ein Geheimnis oftmals auch für sie selbst. Später sagte sie, sie könne die Wertschätzung ihrer Sturheit nur augenblicksweise zulassen. Sie beschrieb ihre Situation mit einem Bild: Sie war auf der Landseite eines Deichs und türmte Sandsäcke auf die Deichkrone, während das Wasser auf der anderen Seite stieg. Der innere Druck, den Damm — den Widerstand — zu »überfluten«, baute sich in unserem entstehenden Dialog zunehmend auf, und ihr erster Impuls war es, den Widerstand zu stärken. Damit erlaubte sie weder mir noch jemand anderem, ihr zu helfen.

Dabei handelte es sich aber um eine andere Ebene des Widerstands, um einen Schritt weg von der eher primitiven »Abwehr«, mit anderen Worten: um einen Fortschritt. Sie war psychisch gesehen eine Art »Jungfrau von Orleans«, sehr allein und stoisch. Man hätte ihre Weigerung, sich von anderen helfen zu lassen, natürlich als dumm und bestenfalls weltfremd betrachten können, aber bei echter Wertschätzung ihrer Ängste sprang am stärksten ihr »Heldentum« ins Auge. Sie hatte allein und kampfbereit psychisch überlebt, aber für dieses Überleben einen hohen Preis bezahlt: den faustischen »Teufelspakt«, den jeder Mensch mit dem Teufel seiner eigenen Angst schließt. *In ihr verkörperte sich sowohl menschliche Größe wie menschliche Tragik.* Also sagte ich ihr, sie solle zumindest ihr Heldentum in diesem Kampf anerkennen. Sie hatte sich stets erbarmungslos für ihre »Einzelgängerhaltung« kritisiert, obwohl sie seit Jahren unfähig war, die Hilfe eines anderen anzunehmen und so gleichzeitig ihre Verletzlichkeit zu erleben. Mein Vorschlag verwirrte sie deshalb, aber sie nahm zögernd und allmählich diesen vorher verleugneten Teil von sich wieder in Besitz. Sie begann zu erkennen, daß es noch etwas anderes als ihre bewußten Ziele und ihre Bewußtheit geben könne. Das war ihr erster Schritt zur Anerkennung und Integration ihres ganzen Seins.

»Übertragung«

Widerstand in der Therapie ist oft ein Aspekt der sogenannten Übertragung. Der Klient bezieht sich auf die Therapiesituation mit denselben Ängsten und Erwartungen wie in anderen interpersonalen Situationen. Das heißt aber nicht, daß er seine vorangegangenen Erfahrungen unabhängig von der Person oder den Reaktionen des Therapeuten auf die Therapiesituation aufsetzt, wie manche Leute angenommen haben. Übertragungswiderstand ist sehr stark eine Funktion des »Zwischen«, der Begegnung von Therapeut und Klient. Es gibt keinen Widerstand ohne eine anwesende oder als anwesend imaginierte Person, der gegenüber man Widerstand leisten könnte. *Stolorow* und *Brandchaft* (1987) haben auf die breiten Implikationen eines intersubjektiven Widerstandsbegriffs hingewiesen:

[handschriftliche Randnotiz: Widerstd gegn die eigene Affekt!]

»Wenn in der Behandlung Abwehr gegen Affekte auftaucht, muß man begreifen, daß ihre Wurzeln in der übertragenen Erwartung oder Angst des Patienten liegen, diese auftauchenden Gefühlszustände würden auf dieselbe falsche Reaktion stoßen wie die der ursprünglichen Versorger. Darüber hinaus darf dieser Widerstand gegen Affekte nicht nur als Ergebnis der innerpsychischen Prozesse des Patienten interpretiert werden. Solcher Widerstand wird meist von Ereignissen innerhalb des intersubjektiven Dialogs in der analytischen Situation evoziert, die dem Patienten die mangelnde Aufnahmebereitschaft des Analytikers für seine auftauchenden Gefühlszustände signalisieren und von daher das traumatische frühe Versagen des Selbstobjekts ankündigen.« (S. 8-9)

Die mangelnde Aufnahmebereitschaft des Therapeuten oder bestimmte Reaktionen können Widerstand hervorrufen oder verstärken. Jede Widerstands-Interaktion beschwört das Gespenst einer möglichen »Vergegnung« herauf:

> »Widerstand ist sowohl eine Erfahrung innerhalb der therapeutischen Beziehung, zu der der Stil des Therapeuten teilweise beiträgt, als auch ein dynamischer Prozeß im Patienten. Widerstand ist die natürliche Konsequenz der Transaktion zwischen den charakteristischen Beziehungsweisen des Klienten und dem therapeutischen Stil und Geschick des Analytikers. Er ist somit ein integraler Aspekt des entstehenden therapeutischen Prozesses.« (*Blatt* und *Erlich* 1982, S. 71)

Im therapeutischen Kontext ist Widerstand unvermeidlich ein Phänomen des »Zwischen«, des intersubjektiven Bereichs.

Der Widerstand im »Zwischen«

Wer leistet Widerstand: der Klient oder der Therapeut? Das ist eine der brennendsten Fragen jeder Psychotherapie. *Häufig genug sind es beide.* Schließlich ist es nur menschlich, wenn der Therapeut, der sich ja auch schützen muß, den Widerstand des Klienten abwehrt. Dabei besteht der wesentliche Abwehrmechanismus darin, Widerstand ausschließlich als Abwehr des Klienten zu deuten. Dann stößt Abwehr auf Abwehr, Widerstand auf Widerstand. Der Widerstand des Klienten steigert sich häufig durch den Widerstand des Therapeuten, d. h. durch die Erwartungen und Ängste, die ihm nicht gestatten, das Verhalten des Klienten zu umfassen. Das behindert den Fortschritt der Therapie, und manche Therapeuten haben daraus den Schluß gezogen, daß es keine abwehrenden Klienten, sondern nur abwehrende Therapeuten gibt. Aber diese Umkehrung verstößt genauso gegen die dialogische Perspektive wie die traditionellere Auffassung, daß Widerstand nur auf seiten der Klienten auftritt.

Die wohl grundlegendste Form des Widerstands des Therapeuten manifestiert sich schleichend im Versuch, eine Methode durchzusetzen, die den Bedürfnissen des Klienten nicht angemessen ist. *Basch* sagt dazu für die Psychoanalyse: »Vieles, was in der Psychotherapie Widerstand genannt wird, ist ein Artefakt, ein therapeutisches Schachmatt durch die Versuche des Therapeuten, das Modell der psychoanalytischen Behandlung der Psychoneurosen in die Therapie mit Patienten einzuführen, deren Störungen eine andere Basis haben« (1982, S. 10). Gegen diese Gefahr muß sich jeder Therapeut wappnen. Ziel der Therapie ist der Kontakt zum Klienten, nicht eine Theorie! In der Begeisterung über die Erklärungsmuster einer Theorie verliert man das leicht aus dem Auge.

Aber mehr noch als der Versuch, die Theorie zu bestätigen, führt der eigene Widerstand des Therapeuten die Therapie in die Sackgasse. Therapeuten sind Menschen, gutausgebildete Fachleute, aber letztlich all den Unwägbarkeiten menschlicher Verletzlichkeit unterworfen, die auch die Klienten zeigen. Gerade ihre Menschlichkeit trägt ja wesentlich zur Heilung in der Therapie bei. Klienten sehen sehr wohl die menschlichen Unzulänglichkeiten des Therapeuten, genauso wie seinen Mut bei der Bemühung, gegen diese existentiellen Begrenzungen anzugehen. Das macht ihn zum wichtigen Modell. Die menschlichen Grenzen müssen kein Endpunkt sein, sondern sind eher ein Punkt der Begegnung auf der Ebene gemeinsamer Menschlichkeit. Auf dieser Ebene müssen wir uns alle zunächst begegnen, bevor wir bereit sind, Vertrauen und Mut zum Risiko aufzubringen. Diese Offenheit ist ein Zeichen für das Wachstum des Therapeuten.

Auch der Widerstand des Therapeuten ist weise. Er zeigt ihm die Grenzen seiner Offenheit und Akzeptanz und die Notwendigkeit, diese Grenzen zu erweitern. Allerdings sind die Ansprüche an ihn höher als an den Klienten. Das ist eine der normativen Grenzen für die Gegenseitigkeit in der Therapie: Der Therapeut ist für den Klienten da, nicht umgekehrt.

Sicher wird sich der Therapeut in der Therapie gewisser Teile seines

Widerstands, seiner Grenzen oder seiner Verletzlichkeit bewußt, aber das darf nicht zum Fokus der Therapie werden. Ein wichtiger Widerstand beim Therapeuten, der eher eine Funktion seiner Persönlichkeit ist, muß nach außen, also in die Supervision oder auch in seine eigene Therapie, getragen werden.

Die therapeutische Begegnung muß durchgängig fokussiert und auf der Spur gehalten werden, sie darf nicht durch eine Wiederholung der »Vergegnungen« entgleisen, die den Klienten in seinem Leben geplagt haben. Ganz vermeiden lassen sich mißlungene Begegnungen nie, aber wenn der Therapeut bei sich ernsthaften Widerstand spürt, muß er seinen Anteil an diesen mißlungenen Begegnungen beleuchten und darf sie nicht dem Klienten anlasten.

Das zentrale Element der Psychotherapie ist immer die Beziehung, und das gilt ganz besonders im Umgang mit Widerstand. Für die erfolgreiche Arbeit mit dem Widerstand ist ein solides Arbeitsbündnis notwendig. Hier wird der »Kredit«, der in der Beziehung aufgebaut wurde, voll ausgeschöpft. Letztlich ist es das Vertrauen in den Therapeuten und in die Beziehung, die die Brücke über den Abgrund des Widerstands schlägt. Das Vertrauen in die Beziehung trägt beide durch die Momente mißlungener Begegnung. Es muß zumindest ein Körnchen an gutem Willen und Vertrauen vorhanden sein, damit der Klient den Ansatz des Therapeuten annehmen kann, den Widerstand wertzuschätzen.

Widerstand als Kontaktpunkt

Die kreative Aufgabe des Therapeuten besteht darin, dem Klienten *am Punkt* seines Widerstands zu begegnen. Widerstand ist einerseits die Vermeidung bestimmter Verhaltensweisen, andererseits ein innerpsychischer Kontakt zum Selbst: Kontakt mit frühen Abwehrbedürfnissen, gleichzeitig aber *inter*personaler Kontakt, wenn auch auf Umwegen, denn er nimmt Kontakt *durch* Konflikt auf. Widerstand ist nicht einfach Kontakt gegen, sondern Kontakt *mit*, abwehrender und stark abgegrenzter Kontakt, keine direkte Begegnung. Seine Bedeutung wird dadurch unterstrichen, daß andere diesen Menschen genau an diesem Punkt real verlassen haben, weil der Konflikt unlösbar schien. Es mag vielleicht nicht die Art Kontakt sein, die sich der Therapeut als Person wünscht, aber nichtsdestoweniger bleibt es Kontakt. Widerstand fordert den Therapeuten heraus, den Kontakt mit dem Klienten am Punkt seines Widerstands zu suchen. Es ist die wohl schwerste Forderung der Therapie: wirklich *mit* jemandem zu sein, der als gegensätzlich erlebt wird. *Buber* hat einmal gesagt: »Die Möglichkeitsgrenzen des Dialogischen sind die des Innewerdens« (1962, S. 18). Es geht also darum, unter Einsatz der Kreativität die Mittel für den Dialog mit dem Klienten und seinem Widerstand zu finden. *Widerstand ist Bestandteil der ganzen Person,* keine Anomalie.

Die Begegnung am Punkt des Widerstands soll den Widerstand einschließen, nicht bedrohen. Dazu muß man den Widerstand als Kontaktpunkt im »Zwischen« sehen und darf ihn nicht einfach als Opposition »gegen« etwas begreifen. *Schlesinger* drückt das so aus:

>»Wir sind also am Widerstand interessiert und möchten mehr über ihn wissen, darüber, warum sich der Patient so verhalten muß. Hier ist ein Paradox: Obwohl der Patient versucht, uns einen Strich durch die Rechnung zu machen, Informationen zurückzuhalten, die Kooperation zu verweigern oder mit subtileren Mitteln zu vermeiden, an der Therapieaufgabe mitzuarbeiten, gibt der abwehrende Patient gleichzeitig eine ganze Menge an Informationen und arbeitet im weiteren Sinne voll bei der Behandlung mit... Anstatt sich vom Widerstand erschrecken zu lassen, sollte der Therapeut ihn vielmehr begrüßen.« (1982, S. 27)

Diese Aufgabe kann zum *gemeinsamen Bemühen* in der Therapie werden, zum Bemühen, über die Mißverständnisse hinaus zu gelangen, zum prometheischen Ringen um gegenseitiges Verständnis, das auf die grundlegende gemeinsame Menschlichkeit von Therapeut *und*

Klient verweist. Dieses Bemühen ist nicht nur ein verstärkter Kontaktpunkt, sondern kann *zum wesentlichen Medium der Heilung* werden, weil der Klient genau an diesem Punkt am meisten verletzt worden ist. Damit wird eine neue Ebene der Begegnung erreicht, eine Ebene, auf der Klient wie Therapeut ihr falsches Selbst, ihre künstliche Fassade hinter sich lassen, ein wahrer Abstieg in das Labyrinth der Wirklichkeit.

Der Therapeut ist zwar eine eigenständige Person, repräsentiert aber auch die »feindliche« Polarität im Widerstand des Klienten. Damit ist ein ständiges Konfliktpotential gegeben. Hier gilt es, sich nicht zum Feindbild, zum Gegenpol aufbauen zu lassen, sondern fähig zu bleiben, sich mit den veränderungswilligen und den abwehrenden Stärken des Klienten zu verbünden.

Dieses Verständnis von Widerstand als legitim und wichtig, ja sogar als weise, ermöglicht die Begegnung am Punkt des Widerstands und das Bündnis mit dem Widerstand. Kontakt am Punkt des Widerstands ist der erste Schritt, das Bündnis damit der zweite. Über die Notwendigkeit, sich mit dem Widerstand zu verbünden, ist viel geschrieben worden, und das ist sicherlich ein *Ergebnis* dieses Ansatzes. Aber es ist etwas sehr anderes, ob man dieses Bündnis mit dem Widerstand als Technik einsetzt oder die Weisheit des Widerstands wirklich zu schätzen weiß. Ein echtes Bündnis mit dem Widerstand ist erst möglich, wenn Kontakt am Punkt des Widerstands aufgenommen worden ist. Sich verbünden meint, sich sozusagen die Schuhe des Klienten oder besser, die Schuhe seines Widerstands anzuziehen, weil er sich seines Widerstands u. U. nicht völlig bewußt ist. Das Bündnis mit dem Widerstand ist eine Art psychologisches Aikido[4]: Man benützt die aggressiven Stärken des Gegners, um diese Energie auf ihn zurückzulenken.

Erst das Bündnis mit dem Widerstand ermöglicht echte Heilung, ein Ganzmachen. Es geht darum, die eigene Stärke nicht als Opposition, Bedrohung oder Abwehrreaktion einzusetzen, gegen die der Klient seinen Widerstand mobilisieren muß. Die Dynamik des Widerstands braucht einen Gegenpol, der den Widerstand verstärkt, um ihm Energie zu »geben«. Es ist für den Klienten bestürzend, wenn ihm der Therapeut in dieser Art psychischem Aikido entwischt. Widerstand ist eine so automatische Reflexreaktion auf wahrgenommene Opposition, daß man gar nicht weiß, was man tun soll, wenn die Opposition ausbleibt. Der Klient braucht also einige Zeit, um sich neu zu strukturieren. Er muß allmählich begreifen, daß der Therapeut wirklich *kein* Feind ist, sondern Verbündeter sein kann. Verbündete können ihre Kräfte zusammentun und die gemeinsamen Energien dazu benutzen, die »Geister« auszutreiben, die den Klienten verfolgen.

Im Bündnis mit dem Widerstand steht der Therapeut auf der Seite des furchtsamen Selbst des Klienten. Widerstand, obwohl durchaus real, ist oft Ausdruck eines »falschen Selbst«, um mit *Winnicott* zu reden. Dahinter verbirgt sich ein stark reduzierter Teil des ganzen Selbst: das wirkliche, versteckte Selbst, das sich in dem hintersten Winkel der Seele hinter den Schichten von Abwehr und Widerstand verkrochen hat. Das Bündnis mit dem Widerstand signalisiert dem Klienten, daß man in diesen fernen Winkel, in dem das wahre Selbst wohnt, behutsam eintreten möchte. Es geht darum, sich eine Einladung zu verschaffen, nicht darum, sich den Zutritt zu erzwingen. Man fragt das wahre Selbst des Klienten so vorsichtig wie ein verschrecktes Kind um die Erlaubnis, die geheiligte Privatheit des Verstecks betreten zu dürfen.

Es ist ausgesprochen kreativ, wenn auch zeitweilig nervenaufreibend, diese Verstecke des Klienten aufzuspüren, seine verborgenen Winkel zu betreten und nachzufühlen, wie es wohl sein muß, mit seiner Angst zu leben. Der Klient erfährt darüber: »Jemand ist bei mir, der Anteil nimmt.« Darin zeigt sich die tiefe existentielle Erkenntnis, daß alle Menschen sich verbergen, daß alle angstvoll sind. Das wird die Illusionen des Klienten zerstören, nur er allein sei so angstvoll. So kann er erkennen, daß sein Verborgensein eine existentielle Realität und kein pathologischer Zustand ist. Es ist die Erkenntnis unserer gemeinsamen Menschlichkeit, die Heilung ermöglicht. Wir müssen unsere gemeinsame Angst weniger bekämpfen, als vielmehr wertschätzen.

Manchmal ist Widerstand auch nichts anderes als einfach Widerstand. Das Bemühen um die Begegnung am Punkt des Widerstands und das Bündnis mit ihm schließt die Konfrontation des Widerstands nicht aus. Aber der Kontext für diese Konfrontation, diesen unterstützenden »Rippenstoß«, ist das Verständnis des Therapeuten für die Bedeutung, den der Widerstand für den Klienten hat, seine Empathie damit und seine Bindung zum Klienten.

Es ist nicht leicht zu erkennen, wann die Konfrontation des Widerstands notwendig ist. Genaues Timing ist Bestandteil des therapeutischen Handwerks. Es gibt Zeiten in der Therapie, in denen es der Klient braucht, daß der Therapeut ihm über eine liebevolle Konfrontation sein Interesse zeigt, sich um ihn kümmert und sich mit ihm verbündet. Für viele Klienten ist das eine ganz neue Erfahrung.

Die Gefahr, daß jeder Widerstand eliminiert wird, gehört in den Bereich der psychologischen Fiktion. Wenn es sie gäbe, hätten wir es mit einer Art psychischem »Schwamm« zu tun, nicht mit einer Person. Es geht in der Psychotherapie darum, daß der Klient sich der Abwehrmechanismen bewußt wird, die ihn an einem gesunden Leben hindern. Aber zu einem gesunden Leben gehört auch die Erkenntnis, daß bestimmte Widerstände *Teil unserer Existenz* sind, Teil des »in der Welt Seins«. Völlige Offenheit ist weder nötig noch möglich. Unsere Aufgabe ist es, ein kreatives Gleichgewicht zwischen Verborgensein und Offensein zu finden.

Anmerkungen

[1] Aus einer Rede bei einem gestalttherapeutischen Training im Sommer 1984.

[2] *Buber*, Zwiesprache, 1962.

[3] Vgl. auch die Werke von *C. G. Jung*.

[4] Aikido ist eine orientalische Art des Abwehrkampfes, die den aggressiven Schwung des Angreifers auf ihn selbst zurücklenkt.

Nachwort

Psychotherapie — Einzeltherapie — ist Dialog. Eine Person, der Klient, spricht zu einer anderen Person, dem Therapeuten; letzterer erwidert etwas, und ersterer hört manchmal zu, profitiert manchmal von dem Wortwechsel zwischen ihnen. Das ist, auf der oberflächlichsten Ebene, Psychotherapie.

Aber nur an der Oberfläche. Diese Beschreibung verfehlt deshalb das wirkliche Herzstück des psychotherapeutischen Unterfangens. Das »Herzstück« ist für mich das Geschehen zwischen zwei Menschen, das gegenseitig bedeutungsvoll und evozierend ist und sein muß. Anders gesagt: Echter Dialog setzt voraus, daß jede der zwei Personen in der eigenen Gegenwärtigkeit und in der Gegenwärtigkeit der anderen Person steht.

Martin Buber, dessen inspirierende Schriften über das Ich-Du-Geschehen diesem Buch zugrunde liegen, so wie der Boden einem Gebäude zugrunde liegt, hat das gewiß gewußt, gelehrt, praktiziert. *Maurice Friedman*, der *Bubers* Botschaft mit großer Eloquenz in unsere Zeit getragen hat und der das Fundament auf dem soliden Boden Bubers darstellt, kennt sicherlich die echte Bedeutung des Dialogs. Und jetzt zeigt uns *Richard Hycner*, der auf diesem Boden und diesem Fundament aufbaut, das mächtige Gerüst, das der Dialog errichten und in dem die Arbeit der Psychotherapie sich weiterentwickeln kann.

Wenn es darum geht, zu spezifizieren, was das wesentliche Element der Heilung oder des Wachstums ist, das im psychotherapeutischen Prozeß ans Licht kommt, geben *Dr. Hycner* und ich entgegengesetzte

Antworten. Es mag an diesem Punkt einen Konflikt geben, es mag auch eine Frage der Terminologie sein. Ich meine aber, es handelt sich nicht nur um Worte und es geht um etwas anderes als begriffliche Unterschiede.

An diesem Punkt scheint mir der Begriff der Komplementarität zu passen. Komplementarität ist ein Paradigma der Physik, das, so wie ich es verstehe, feststellt, daß das Verhalten des Lichts zwei verschiedene Theorien zu seiner Erklärung braucht: die Wellentheorie und die Teilchentheorie. Diese Theorien schließen sich nicht etwa aus, sondern jede ist im Kontext bestimmter Beobachtungen geeignet, und keine eignet sich für beide Kontexte.

Ich hänge sehr an meinem Verständnis dieser genialen Lösung eines Konflikts, der auf den ersten Blick wie ein Entweder/Oder wirkt. Ich schätze sie deswegen, weil hier die Unvollständigkeit unserer höchstentwickelten Theorien demonstriert wird, der naheliegende Irrtum derer, die darauf bestehen, jede Frage müsse eine und nur eine Antwort finden, und weil darauf hingewiesen wird, daß unsere Sichtweisen der »Wirklichkeit« genau dies sind, nicht mehr und nicht weniger, nämlich Sichtweisen.

Diese Vorzüge der Komplementarität sind besonders wünschenswert, wenn wir darüber sprechen, wie sich Menschen durch den psychotherapeutischen Prozeß verändern. Offen gestanden wissen wir nicht mit Sicherheit, was genau die — erwünschten wie unerwünschten — Veränderungen in den grundlegenden Lebensweisen von Menschen verursacht. Schon das Konzept der Veränderung selbst ist subtil und entzieht sich dem Begreifen.

Jahrelange Erfahrung und tausende Stunden der Beobachtung von Menschen, die nach Veränderung suchen, haben mir gezeigt, wie dauerhaft die Strukturen sind, mit denen wir für uns selbst festlegen, wer und was wir sind und was die Welt ist: die Systeme der Selbst- und Weltkonstrukte, die das Leben möglich machen. Aus manchen Perspektiven heraus werden diese Strukturen als »Charakter«, aus anderen als »Syndrome« und aus wieder anderen als »Persönlichkeit« bezeichnet. Wie man sie auch nennt, sie gehören zu dem ersten, was wir lernen, und bleiben meist bis zum Tode bestehen.

Trotzdem verändern sich Menschen. *Chester A. Arthur*, ein unbedeutender Lokalpolitiker, wird durch *Garfields* Meuchelmörder ins Weiße Haus befördert, trennt sich von seinen früheren Kollegen und bekämpft den Amtsmißbrauch. Diktator *Franco* macht der Demokratie die Bühne frei. Einer der Watergate-Verschwörer wird zum Evangelistenprediger. Das ist der Stoff, aus dem Dramen und Fiktion sind.

Auf einer weniger theatralischen Ebene geschehen die Veränderungen im Alltagsleben. Die Psychotherapie ist nur einer der Schauplätze für solche Veränderungen. Im Zweiten Weltkrieg hörte man viel von »Konvertierungen im Schützengraben«. Andere Beispiele sind die Auswirkungen des Todes eines geliebten Menschen, von Scheidung, Verlust des Arbeitsplatzes, von religiösen Erweckungserlebnissen, etc. Andere Settings (und wirksame Träger?) für wichtige Lebensveränderungen sind z. B. Zeiten spiritueller Übungen, Gefangenschaft, schwere Krankheit und körperliche Behinderung.

Gibt es in diesen so unterschiedlichen Umständen ein gemeinsames Element? Können wir es so identifizieren, daß es für die therapeutische Praxis verfügbarer wird? Ich bin der Meinung, es gibt einen solch entscheidenden Prozeß.

Um diesen ausschlaggebenden Bestandteil identifizieren zu können, muß ich einen kleinen Abstecher machen: Wir können unsere Natur besser verstehen, wenn wir akzeptieren, daß das Leben zutiefst Bewußtheit (awareness) ist. Sicher gibt es physisches Leben anscheinend ohne Bewußtheit, wie z. B. bei komatösen Unfall- oder Krankheitsopfern. Aber nur wenige Menschen würden diesen Zustand als wirkliches Lebendigsein begreifen. Unser Bewußtsein ist der Minimalzustand und die Summe des Lebens, wie wir es kennen.

Aber so gesehen ist Leben keine Sache von »Alles oder Nichts«; Bewußtheit ist immer eine Frage der Abstufung. Die Welt des Kindes definiert sich eng durch Ab- oder Anwesenheit der Mutter. Die Schule bietet Möglichkeiten, die Bewußtheit und somit das Leben zu erschließen. Wenn alles gut geht, setzt die Reifezeit den Prozeß der Erweiterung und Vertiefung der Bewußtheit fort. Aber alles geht nie gut. Im Verlauf unseres Lebens und in paralleler Interaktion mit den Kräften, die die Erweiterung und Vertiefung der Bewußtheit fördern, wirken andere Einflüsse, die auf Begrenzung, ja sogar auf Reduzierung der Bewußtheit drängen. Die verschiedensten Bedrohungen, bewußte und unbewußte, kurzfristige oder lebenslange, individuelle wie der Gattung gemeinsame, drängen uns, volle Bewußtheit von uns fernzuhalten. Das ist der vertraute Bereich der psychotherapeutischen Arbeit: der Umgang mit »dem Widerstand«.

Nicht so vertraut ist die Erkenntnis, daß wir weit jenseits der Einflüsse von Furcht und Neurose unsere Bewußtheit und unser Leben begrenzen — notwendigerweise, wenn wir am Leben bleiben wollen. Wir könnten einfach nicht überleben, wenn wir uns ganz öffnen, die Bewußtheit für alles zugänglich machen würden, was in unserem Umfeld geschieht.

Das läßt sich leicht nachvollziehen, wenn man an all die Sinnesreize denkt, die in jedem Augenblick auf unsere Wahrnehmungsorgane einstürmen. Geräusche, visuelle Ereignisse, Hitze, Kälte, Berührung, Geruch, Geschmack und die inneren organischen Abläufe erheischen in großer Zahl Zugang zu unserem Bewußtsein. Im Bereich der Forschung zur Sinneswahrnehmung ist seit langem gezeigt worden, daß Wahrnehmung eigentlich Nicht-Wahrnehmung ist, eher ein Aus- als ein Einblenden.

Die Anzahl dieser physischen Reize, die darum kämpfen, wahrgenommen zu werden, wird wahrscheinlich noch übertroffen durch die Vielzahl psychischer und impliziter Potentiale, die uns äußerlich umgeben und innerlich erfüllen: Emotionen, Kognitionen, Intuition, Zwänge, Absichten, Erinnerungen, Lust, Abneigung, Antizipation, Physis, Symbole, Instinkte, Reflexe, Gewohnheiten, Gelerntes; sie erreichen uns nicht nur getrennt, sondern in mächtigen Kombinationen, auf die in irgendeiner Form reagiert werden muß.

Unser Leben und unsere geistige Gesundheit hängen also absolut von der Fähigkeit ab, wirksame Strukturen für eine Auswahl unter der Vielzahl der Möglichkeiten, von denen wir immer umgeben sind, zu errichten und beizubehalten. Der Zusammenbruch dieser Strukturen ist nichts anders als der Zusammenbruch des Bewußtseins, den wir Neurose, Psychose und psychischen Kollaps nennen.

So kommt es, daß dieselben Strukturen, die Leben möglich machen, es zugleich einengen und begrenzen. Die Kunst des Lebens ist die Kunst, genügend Stabilität in der Lebensweise beizubehalten, um das Leben zu schützen, zugleich aber diese Kontinuität genügend zu öffnen, um Frische, Wachstum, Kreativität und Entwicklung möglich zu machen.

Wesentliche Lebensveränderungen sind Veränderungen der Definitionen von uns selbst und von unserer Welt. Solche Veränderungen sind nicht leicht und können es auch nicht sein. Es gibt keine Insel im Meer der Möglichkeiten, auf die wir uns, und sei es noch so kurz, vor seinen Forderungen retten könnten. Die Möglichkeit ins Auge zu fassen, daß ich vielleicht nicht der liebevolle Mensch bin, für den ich mich immer gehalten habe; einzusehen, daß die Vernunft weniger Einfluß in der Welt hat als die Macht; zu entdecken, daß ich mein lebenslanges Ziel nicht wirklich erreichen werde; akzeptieren zu müssen, daß meine Geliebte mich nicht mehr liebt; zu akzeptieren versuchen, daß ich das Vertrauen der Menschen, die stets zu unterstützen ich geschworen hatte, zutiefst enttäuscht habe, — das alles sind milde Worte für explosive Möglichkeiten, die das eigene geistige und emotionale Gleichgewicht umzustoßen drohen und den Tod als vergleichbar angenehme Alternative erscheinen lassen.

Und doch müssen wir unsere Selbst- und Weltkonstrukte stets ausleben, sogar wenn wir sie zu verändern suchen. Sich dem Aufgeben dieser Konstrukte auch nur anzunähern, heißt, überwältigt zu werden von dem Schrecken, daß die Welt selbst verschwindet und wir mit ihr. Diese Vision von der Willkürlichkeit der Existenz und der Flüchtigkeit unserer Konstruktionen ist der schlimmste Alptraum überhaupt.

So betrachtet, entsteht eine Lebensveränderung verständlicherweise nur dann, wenn zwingende Ursachen eine Überprüfung und Neuordnung des Selbst und der Welt hervorrufen. Die traumatische Intensität z. B. von Tod, schwerer körperlicher Behinderung oder von Störungen im Ehe- oder Berufsleben können solche Wirkungen haben, ebenso kontinuierliche und tiefe spirituelle Übungen. Und eben auch die Psychotherapie.

Allerdings bei weitem nicht jede Psychotherapie. Vieles von dem, was sich Psychotherapie nennt, ist weit eher Anpassungsberatung, mit all den positiven und negativen Implikationen dieses Begriffs. Positiv ist die Möglichkeit, über helfende Beratung Muster, die Störungen hervorrufen, neu zu strukturieren. Negativ ist das, was *Rollo May* meinte, als er davon sprach, »Anpassung« sei das Problem und nicht die Lösung, nämlich daß Hilfe zur Anpassung an dysfunktionale soziale Systeme kein Gewinn ist, sondern weiterer »Fehlanpassung« vorausgehen kann.

Psychotherapie, die die Klienten bei etwas mehr als nur Anpassung, bei wirklich bedeutsamen Veränderungen ihrer Art zu leben unterstützen will, solche Psychotherapie muß die schwere Verantwortung auf sich nehmen, ein gewisses Maß an Nichtanpassung zu fördern, wenn ein erfüllenderes oder weniger belastendes System der Selbst- und Weltkonstrukte erreicht werden soll. Der beruflich stark engagierte Angestellte in den mittleren Lebensjahren, der kurz vor der Erkenntnis steht, daß es ihm bei seiner Arbeit schlecht geht, akzeptiert eher körperliche Krankheit, als daß er zugibt, so viel von sich selbst in einen Weg investiert zu haben, den er verzweifelt zu verlassen wünscht. Die verlassene Ehefrau sieht sich genötigt, ausschließlich »die andere Frau« oder die Falschheit ihres Mannes verantwortlich zu machen, anstatt auch ihre eigene mangelnde Bereitschaft zu betrachten, mit der Welt ihres Mannes Schritt zu halten. Das sind nur Beispiele für die dringende Suche nach Wegen, das bisherige System der Selbst- und Weltkonstrukte aufrechtzuerhalten, um nicht das Nichts riskieren zu müssen, das es zu ersetzen droht.

Wenn, was durchaus notwendig sein kann, das therapeutische Unternehmen den Klienten an die Grenze der Weltauflösung führt, muß es eine stabile Grundlage geben, auf der man diesen gefährlichen Schritt wagen kann. Diese stabile Grundlage besteht in der Beziehung zum Therapeuten, in dem echten Dialog, den *Buber, Friedman* und *Hycner* definiert haben.

Es ist also so, daß das Paradigma der Komplementarität ein sinnvolles Nachdenken über die Wirkmuster der Veränderung in der Psychotherapie und im Leben ermöglicht. Wenn wir das ganze Spektrum der Lebensveränderungen betrachten, wird deutlich, daß nicht alle eine Beziehung zu einer anderen Person, einen Dialog, erfordern. Wenn wir die Perspektive der Tiefenpsychologie einnehmen, ist genauso deutlich, daß diese Beziehung, der Dialog, essentiell wichtig ist.

Aber halt, — mag man jetzt einwenden, es ist nicht gezeigt worden, daß Dialog essentiell, sondern nur, daß er wünschenswert ist. Sicherlich kann man doch die Therapie für wesentliche Lebensveränderungen einsetzen, ohne je eine solche Beziehung zum Therapeuten aufzunehmen.

Nein, das glaube ich nicht.

Wer so protestiert, meint offensichtlich, ein Klient könne in Anwesenheit eines anderen Menschen an seinem eigenen In-der-Welt-Sein und seiner einzigartigen Weise der Identifikation tief arbeiten, ohne mit dieser anderen Person wirklich befaßt zu sein. Das ist für mich ein Widerspruch in sich.

Zwei Gründe geben den Ausschlag für dieses Urteil. Erstens ist es an sich bereits eine Form von Beziehung, wenn man sich zu einer Person, mit der man regelmäßig in Kontakt tritt, nicht verhält, wenn auch eine Form, die sich durch ein sehr reduziertes Bewußtsein auszeichnet. Die Anstrengung, eine mehr als oberflächliche Beschäftigung mit dem Therapeuten zu leugnen, würde die Energien des Klienten im Vorfeld binden und den vollen Bereich seiner Fähigkeiten verkleinern. Das neurotische Weltkonstrukt würde verstärkt anstatt verringert.

Nebenbei bemerkt sollte man festhalten, daß Therapeuten, die sich nicht auf ihre Klienten einlassen wollen und die Getrenntheit von ihnen suchen, genau diese Art Gegenübertragungsmuster fördern.

Zweitens ist für das Verständnis des bisher Gesagten die Erkenntnis entscheidend, daß Gegenwärtigkeit mehr ist als nur körperliche Anwesenheit. Volle Gegenwärtigkeit meint die Bemühung, so vollständig wie möglich für den anderen zugänglich zu sein und sich selbst zum Ausdruck zu bringen. Volle Gegenwärtigkeit meint eine Art Verschmelzung der Bewußtheit, die es erlaubt, sich weit mehr auf die Intuition zu verlassen, ermöglicht eine sehr viel stärkere Kultivierung des Impliziten und einen erhöhten Zugang zum Unbewußten beider Partner.

Hier ist nicht der Ort, auf all die Implikationen des letzten Absatzes einzugehen. *Dr. Hycners* Buch ist eine ausgezeichnete Exploration dieser Fragen.

James F. T. Bugental

Literatur

Anderson, C., Stewart, S., Mastering resistance: A. practical guide to family therapy, The Guildford Press, New York 1983.

Archambeau, E., Beyond countertransference: The psychotherapist's experience of healing in the therapeutic relationship, unveröffentl. Doktorarbeit, California School of Professional Psychology, San Diego 1979.

Atwood, G., Stolorow, R. D., Structures of subjectivity: Explorations in psychoanalytic phenemenology, The Analytic Press, Hillsdale, N. J. 1984.

Barrett, W., The illusion of technique, Anchor Books, New York 1979.

Basch, M. F., Dynamic psychotherapy and its frustrations, in: *Wachtel, P. L.* (Hrsg.), Resistance: Psychodynamic and behavioral approaches, Plenum Press, New York 1982.

Berger, D. M., Clinical empathy, Jason Aranson, Inc., Northvale, N. J. 1987.

Binswanger, L., The case of Ellen West, in: *May, R., Angel, E., Ellenberger, H. F.* (Hrsg), Existence: A new dimension in psychiatry and psychology (S. 237-364), Basic Books, New York 1958 (Erstveröffentlichung 1944).

Blatt, S. J., Erlich, H. S., Levels of resistance in the psychotherapeutic process, in: *Wachtel, P. L.* (Hrsg.), Resistance: Psychodynamic and behavioral approaches, Plenum Press, New York 1982.

Blum, H. P. (Hrsg.), Defense and resistance: Historical perspectives and current concepts, International Universities Press, New York 1985.

Boss, M., Existential foundations of medicine and psychology, Jason Aronson, New York 1979; dt.: Grundriß der Medizin und der Psychologie: Ansätze zu einer phänomenologischen Physiologie, Psychologie, Pathologie, Huber, Bern, Stuttgart, Wien 1975.

Boszormenyi-Nagy, I., Spark, G. M., Invisible loyalties, Harper and Row, New York 1973; dt.: Unsichtbare Bindungen: die Dynamik familiärer Systeme, Klett-Cotta, Stuttgart 1981.

—, *Krasner, B. R.,* Between give and take: A clinical guide to contextual therapy, Brunner/Mazel, New York 1987.

Brandchaft, B., Stolorow, R., The borderline concept: Pathological character of iatrogenic myth?, in: *Lichtenberg, J.,* (Hrsg.), Empathy, Vol. 2, Analytic Press, Hillsdale, N. J. 1984.

Brice, C. W., Pathological modes of human relating and therapeutic mutuality: A dialogue between Buber's existential-relational theory and object-relations theory, in: *Psychiatry: Journal for the Study of Interpersonal Processes,* 47, 109-123.

—, Persönliche Mitteilung, 30. Januar 1985.

—, What forever means: An empirical existential-phenomenological investigation of the maternal mourning of a child's death, unveröffentl. Doktorarbeit, Ann Arbor, MI: University Microfilms International 8805348, 1987.

Buber, Martin, Eclipse of God: Studies in the relation between religion and philosophy, Harper & Row, New York 1952a, dt.: Gottesfinsternis, in: Werke I: Schriften zur Philosophie, Kösel Verlag, München, Lambert Schneider Verlag, Heidelberg 1962.

—, Good and Evil (übers. v. R. G. Smith), Charles Scribner & Sons, New York 1952b.

—, Religion and modern thinking, in: Eclipse of God: Studies in the relation between religion and philosophy, Harper & Row, New York 1952c.

—, Supplement: Reply to C. G. Jung, in: Eclipse of God, a.a.O. 1952d.

—, Heilung aus der Begegnung, in: *Trüb, H.,* Heilung aus der Begegnung, Klett, Stuttgart 1951.

—, Hope for this hour, in: Pointing the way, Schocken Books, New York 1957b.

—, Pointing the way, Schocken Books (Hrsg. und übers. v. M. S. Friedman), New York 1957b.

—, Schriften zum Chassidismus, Kösel Verlag, München, Lambert Schneider, Heidelberg 1963.

—, Ich und Du, Lambert Schneider, Heidelberg 1958 (Erstveröffentlichung 1923).

—, Postscript, in: I and Thou (Übers. v. R. G. Smith), Charles Scribner & Sons, New York 1958c.

—, Between man and man (übers. v. R. G. Smith), The Macmillan Co., New York 1965a.

—, The knowledge of man: A philosophy of the interhuman (übers. v. M. S. Friedman und R. G. Smith), eingeleitet von M. S. Friedman, Harper & Row, New York 1965b.

—, Nachlese, Lambert Schneider, Heidelberg 1965.

—, Meetings, Open Court Publ. Co., LaSalle, Ill. 1973.

—, Postscript, in: I and Thou, Charles Scribner & Sons, New York 1988 (Erg. z. Neuaufl.)

Bugental, J. F. T., The search for authenticity, Holt, Rinehart and Winston, New York 1965.

—, The search for existential identity: Patient-therapist dialogues in humanistic psychotherapy, Jossey-Bas Publ., San Francisco 1976.

—, Response to panel presentation on dialogical psychotherapy, Symposium on Existential-Dialogical Psychotherapy, San Diego, März 1985.

—, The art of the psychotherapist, W. W. Norton & Company, New York 1987.

Colm, H., Th existentialist approach to psychotherapy with adults and children, Grune & Stratton, New York 1966.

Deikman, A., The observing self: Mysticism and psychotherapy, Beacon Press, Boston 1982; dt.: Therapie und Erleuchtung, Rowohlt Verlag, Reinbek 1986.

DeLeo, J. V., Psychoanalytic and dialogical psychotherapy, Presentation at the meeting of The Institute for Existential-Dialogical Psychotherapy, San Diego, September 1984.

—, Diagnosis and treatment in dialogical psychotherapy, Presentation at the meeting of The Institute for Existential-Dialogical Psychotherapy, Januar 1985.

—, Dialogical psychotherapy: Clinical implications, in: *Perspectives: The Journal of Dialogical Psychotherapy,* 1 (1), Frühjahr 1987.

—, *Friedman, M., Hycner, R.* (Hrsg.), *Perspectives: The Journal of Dialogical Psychotherapy* 1 (1), 1987.

DeLeo, J. V., Friedman, M. S. (Hrsg.), *Perspectives: The Journal of Dialogical Psychotherapy* 2 (1), 1988, The therapeutic relationship: Interview with existential-humanistic psychotherapists: Ivan Boszormenyi-Nagy, James F. T. Bugental, Rollo May, Erving & Miriam Polster, Virginia Satir, and Irvin Yalom (in Druck).

Downing, C., Re-visioning the psychology of women: An existential-dialogical approach, in: *Perspectives: The Journal of Dialogical Psychotherapy* 1 (1), 1987.

Edwards, D. G., Existential Psychotherapy: The process of caring, Gardner Press, New York 1982.

Farber, L. H., The ways of the will: Essays toward a psychology and psychopathology of the will, Basic Books, New York 1966.

—, Martin Buber and psychotherapy, in: *Schilpp, P. A., Friedman, M. S.* (Hrsg.), The philosophy of Martin Buber, Open Court, LaSalle 1967.

—, Lying, despair, jealousy, envy, sex, suicide, drugs, and the good life, Harper & Row, New York 1976.

Firestone, R. W., The fantasy bond: Structure of psychological defenses, Human Sciences Press, New York 1985.

Fischer, C. T., Individualizing psychological assessment, Brooks/Cole, Monterey 1985.

Frank, K. A. (Hrsg.), The human dimension in psychoanalytic practice, Grune & Stratton, New York 1977.

Frankl. V., Ärztliche Seelsorge: Grundlagen der Logotherapie und Existenzanalyse, Kindler, München 1975.

—, Trotzdem Ja zum Leben sagen: ein Psychologe erlebt das Konzentrationslager, Kösel, München 1973.

Freud, S., Die endliche und die unendliche Analyse (1937), G. W. 16, S. 57 ff.

—, Die Zukunft einer Illusion (1927), G. W. 14, S. 323 ff.

Friedman, A., The healing partnership: A guide to pain therapy, im Druck.

Friedman, M. S., Healing through meeting: Martin Buber and psychotherapy, Cross Currents 1955.

—, Martin Buber & Psychiatry, Pastoral Psychology.

—, »Introduction« in: *Martin Buber,* Hasidism and modern man, Harper & Row, New York 1958.

—, Dialogue and the essential we: The bases of values in the philosophy of Martin Buber, in: *American Journal of Psychoanalysis,* 20 (1), 1960a.

—, Martin Buber: The life of dialogue, Harper & Row, New York 1960b (Erstveröffentlichung 1955).

—, Will, decision and responsibility in the thought of Martin Buber, in: *Review of Existential Psychology & Psychiatry* 3 (2), 1963.

—, Sex in Sartre and Buber, in: *Review of Existential Psychology & Psychiatry* 3 (2), 1963.

—, Existential psychotherapy and the image of man, in: *Journal of Humanistic Psychology* 1964a.

—, The worlds of existentialism, University of Chicago Press, Chicago 1964b.

—, Introductory essay, in: *Buber, M.,* The knowledge of man: A philosophy of the interhuman (Übers. v. M. S. Friedman & R. G. Smith), Harper & Row, New York 1965.

—, Martin Buber's final legacy: The knowledge of man, in: *Journal for the Scientific Study of Religion* 1966.

—, Dialogue and the unique in humanistic psychology, in: *Journal of Humanistic Psychology* 12 (2), 1972a.

—, Touchstones of reality: Existential trust and the community of peace, E. P. Dutton & Co., New York 1972b.

—, The hidden human image, Dell Publishing Company, New York 1974.

—, Healing through meeting: A dialogical approach to psychotherapy, in: *American Journal of Psychoanalysis* 35 (3&4), 1975.

—, Aiming at the self: the paradox of encounter and the human potential movement, in: *Journal of Humanistic Psychology* 16 (2), 1976a.

—, Healing through meeting: A dialogical approach to psycho and family therapy, in: *I. Smith* (Hrsg.), Psychiatry and the Humanities, Yale University Press, New Haven 1976b.

—, The self and the world: Psychotherapy and psychologism in Martin Buber's I and Thou, in: *Review of Existential Psychology & Psychiatry* 15 (1), 1977.

—, The confirmation of otherness: In family, community and society, The Pilgrim Press, New York 1983a.

—, Second visit to America: Encounter with psychotherapy, in: *Friedman, M. S.* (Hrsg.), Martin Buber's life and work: The later years 1945-1965, E. P. Dutton, New York 1983b.

—, Contemporary psychology: Revealing and obscuring the human, Duquesne University Press, Pittsburgh 1984.

—, The healing dialogue in psychotherapy, Jason Aronson, New York 1985a, dt.: Der heilende Dialog in der Psychotherapie, Edition Humanistische Psychologie, Köln 1987.

—, Healing through meeting and the problematic of mutuality, in: *Journal of Humanistic Psychology* 15 (1), 7-40, 1985b.

—, Martin Buber and the eternal, Human Science Press, New York 1986.

Giorgi, A., Psychology as a human science, Harper & Row, New York 1970.

Gillis, H. M., Toward a dimension of healing: Therapist expression of feeling in psychotherapy, unveröffentl. Doktorarbeit, California School of Professional Psychology, San Diego 1979.

Gilligan, C., In a different voice: Psychological theory and women's development, Harvard University Press, Cambridge, Mass. 1982; dt.: Die andere Stimme: Lebenskonflikte und Moral der Frau, Piper, München, Zürich 1985.

Greening, T. C., Encounter groups from the perspective of existential humanism, in: Greening, T. C. (Hrsg.), Existential humanistic psychology, Brooks/Cole, Belmont, Cal. 1971.

Greenson, R. T., The »real« relationship between the patient and the psychoanalyst, in: Greenson, R. T. (Hrsg.), Explorations in Psychoanalysis, International Universities Press, New York 1978; dt.: Psychoanalytische Erkundungen, Klett-Cotta, Stuttgart 1982.

Guntrip, H., Schizoid phenomena, object-relations and the self, International Universities Press, New York 1969.

—, My experiences of analysis with Fairbairn and Winnicott (How complete a result does psychoanalytic therapy achieve?), in: International Review of Psychoanalysis 2, 145-166, 1975.

Halling, S., The recognition of a significant other as a unique person: An empirical-phenomenological investigation, unveröffentl. Doktorarbeit, Duquesne University 1976.

Heidegger, M., Sein und Zeit (1927), Niemeyer, Tübingen, 13. Aufl. 1976.

Hycner, R. H., Dialogical gestalt therapy: An initial proposal, in: The Gestalt Journal 8 (1), 1985a.

—, Some guidelines for the phenomenological analysis of interview data, in: Human Studies 8 (2), 1985b.

—, Phenomenology, science, mystery & mastery: A passionate statement, in: The Psychological Study of Social Problems 1 (2), 1986.

—, An interview with Erving & Miriam Polster: The dialogic dimension in gestalt therapy, in: The Gestalt Journal 10 (2), 1987.

Jacobs, L. M., I-Thou relation in gestalt therapy, unveröffentl. Doktorarbeit, California School of Professional Psychology, Los Angeles 1978.

Jacobs, M. L., Dialogue in gestalt theory and therapy, unveröffentl. Manuskript 1987.

Jacoby, M., The analytic encounter, Inner City Books, Toronto 1984.

Jourard, S. M., Disclosing man to himself, Van Nostrand, New York 1968.

Jung, C. G., »Religion und Psychologie«, eine Antwort an Prof. Buber, in: Merkur 4 (5) 1952; GW 18, S. 710-717.

—, Erinnerungen, Träume, Gedanken, Rascher Verlag, Zürich 1962.

— et al., Der Mensch und seine Symbole, Walter Verlag, Olten 1968.

Katz, R. L., Martin Buber and psychotherapy, in: *Hebrew Union College Annual* 41, 1975.

Keen, E., Three faces of being: Toward an existential clinical psychology, Appleton-Century-Crofts, New York 1970.

Kohut, H., The analysis of the self, International Universities Press, New York 1971; dt.: Narzißmus, eine Theorie der psychoanalytischen Behandlung narzißtischer Persönlichkeitsstörungen, Suhrkamp, Frankfurt 1973.

—, The restoration of the self, International Universities Press, New York 1977, dt.: Die Heilung des Selbst, Suhrkamp, Frankfurt 1981.

—, How does analysis cure? (hrsg. v. A. Goldberg in Zusammenarbeit mit P. Stepansky), University of Chicago Press, Chicago 1984.

Krasner, B. R., Trustworthiness: The primal family resource, in: *Karpel, M.,* Family resources, The Guilford Press, New York 1986.

Laing, R. D., The divided self, Penguin Books, Baltimore 1965; dt.: Das geteilte Selbst: Eine existentielle Studie über geistige Gesundheit und Wahnsinn, Kiepenheuer & Witsch, Köln 1972.

Lambert, M. J., A guide to psychotherapist and patient relationships, Dorsey Professional Series, Homewood, Ill. 1982.

Langs, R., Searles, H. F.; Intrapsychic and interpersonal dimensions of treatment: A clinical dialogue, Jason Aronson, New York 1980.

Leavy, S. A., The psychoanalytic dialogue, Yale University Press, New Haven 1980.

Lifton, R. J., The life of the self: Toward a new psychology, Simon & Schuster, New York 1976.

Marcel, G., Being and having, Beacon Press, Boston 1951; dt.: Sein und Haben, Schöningh Verlag, Paderborn 1954.

—, The philosophy of existentialism, Philosophical Library, New York 1956.

—, Faith and reality, in: The mystery of being, Vol. I, Henry Regnery, Gateway Edition, Chicago 1960; dt.: Geheimnis des Seins, Herold Verlag, Wien 1952.

—, Reflection and mystery, in: The mystery of being, Vol. II, Henry Regnery, Gateway Edition, Chicago 1960; dt.: Geheimnis des Seins, Herold Verlag, Wien 1952.

Marshall, R. J., Resistant interactions: Child, family and psychotherapist, Human Sciences Press, New York 1982.

Maslow, A. H., Religions, values and peak-experiences, The Viking Press, New York 1964.

—, Toward a psychology of being (2. Aufl.), D. Van Nostrand Company, New York 1968; dt.: Psychologie des Seins: Ein Entwurf, Kindler Verlag, München 1973.

—, Interpersonal (I-Thou) knowledge as a paradigm for science, in: ders., The psychology of science: A reconnaissance (S. 102-118), Henry Regnery Company, Chicago 1969; dt.: Die Psychologie der Wissenschaft: neue Wege der Wahrnehmung und des Denkens, Goldmann Verlag, München 1977.

—, The farther reaches of human nature, The Viking Press, New York 1971.

May, R., Angel, E., Ellenberger, H. F. (Hrsg.), Existence, Simon & Schuster, New York 1958.

May, R., Love and will, Dell Publishing Co., New york 1969; dt.: Liebe und Wille, Edition Humanistische Psychologie, Köln 1988.

—, Freedom and destiny, W. W. Norton & Co., New York 1981; dt.: Freiheit und Schicksal: Anatomie eines Widerspruchs, Deutsche Verlags-Anstalt, Stuttgart 1983.

—, The discovery of being: Writings in existential psychology, W. W. Norton & Co., New York 1983; dt.: Die Erfahrung »Ich bin«, Junfermann, Paderborn 1986.

Merleau-Ponty, M., The phenomenology of perception, Routledge & Kegan Paul, New York 1962 (Erstveröffentl. 1945); dt.: Phänomenologie der Wahrnehmung, de Gruyter Verlag, Berlin 1966

—, The primacy of perception and other essays on phenomenological psychology, the philosophy of art, history and politics, hrsg. v. *J. M. Edie,* Northwestern University Press, Ill. 1964.

—, The visible and the invisible, hrsg. v. *C. Lefort,* Northwestern University Press, Evanston, Ill. 1968 (Erstveröffentl. 1964); dt.: Das Sichtbare und das Unsichtbare, Fink Verlag, München 1986.

Minuchin, S., Fishman, H. C., Families, in: dies., Family therapy techniques, Harvard University Press, Cambridge 1981; dt.: Praxis der strukturellen Familientherapie: Strategien und Techniken, Lambertus Verlag, Freiburg 1983.

Muller, J. P., Richardson, W. J., Lacan and language: A reader's guide to *Ecrits,* International Universities Press, New York 1982.

Naranjo, C., I and Thou, here and now: Contributions of gestalt therapy, in: *Stephenson, F.,* (Hrsg.), Gestalt therapy primer, Charles Thomas Publishers, Chicago 1975.

Noel, J. R., DeChenne, T. K., Three dimensions of psychotherapy: I-We-Thou, in: *Wexler, D. A., Rice, L. N.* (Hrsg.), Innovations in client-centered therapy, John Wiley & Sons, New York 1974.

Perls, F., The rules and games of gestalt therapy, in: *Fagan, J., Shepherd, I. E.* (Hrsg.), Gestalt therapy now, Harper & Row, New York 1970; dt.: Regeln und Spiele der Gestalttherapie, in: *ders.:* Gestalt, Wachstum, Integration, Junfermann, Paderborn 1980.

Perls, L., Presentation for the Los Angeles Gestalt Institute, Los Angeles 1976.

—, Leben an der Grenze, Edition Humanistische Psychologie, Köln 1989.

Phillips, J., Transference and encounter: The therapeutic relationship in psychoanalytic and existential psychotherapy, in: *Review of Existential Psychology & Psychiatry* 18 (2&3), 1980-81.

Pickering, G., Creative malady, Dell Publishing Co., New York 1974.

Polster, E., Lecture given in a Gestalt therapy training seminar, San Diego 1979.

—, Every person's life is worth a novel, W. W. Norton & Co., New York 1987; dt.: Jedes Menschen Leben ist einen Roman wert, Edition Humanistische Psychologie, Köln 1987.

Polster, M., Lecture given in a Gestalt therapy training seminar, San Diego 1984.

Polster, E., Polster, M., Gestalt therapy integrated, Vintage Books, New York 1973; dt.: Theorie und Praxis der integrativen Gestalttherapie, Kindler Verlag, München 1975.

—, Every person's life is worth a novel, in: *The Gestalt Journal* 1 (2), 59-66, 1983.

—, Presentations given at the Second Annual Conference on Dialogical Psychotherapy, San Diego 1986.

Rioch, M. J., The meaning of Martin Buber's »Elements of the interhuman« for the practice of psychotherapy, in: *Psychiatry: The Journal of Interpersonal Processes* 23, 133-140, 1960.

Rogers, C. R., On becoming a person, Houghton Mifflin Co., Boston 1961; dt.: Entwicklung der Persönlichkeit, Klett Verlag, Stuttgart 1976.

—, The interpersonal relationship: The core of guidance, in: *Rogers, C. R., Stevens, B.* (Hrsg.), Person to person: The problem of being human, Real People Press, New York 1967a; dt.: Von Mensch zu Mensch, Junfermann Verlag, Paderborn 1984.

—, Freedom to learn, Charles E. Merrill Publ. Co., Columbus 1969; dt.: Lernen in Freiheit: zur Bildungsreform in Schule und Universität, Kösel Verlag, München 1974.

—, A way of being, Houghton Mifflin, Boston 1980; dt.: Der neue Mensch, Klett-Cotta, Stuttgart 1981.

—, *Bennis, W.* »Walking softly through life«, Videotaped interview of Carl Rogers by Warren Bennis 1986.

—, *Stevens, B.,* Person to Person, Real People Press, New York 1967b; dt.: Von Mensch zu Mensch, Junfermann Verlag, Paderborn 1984.

Sall, G., Toward a psychotherapy of dialogue: A meeting of Carl Jung, Martin Buber, and Hermann Hesse, unveröffentl. Doktorarbeit, California School of Professional Psychology, San Diego 1978.

Sartre, J. P., Search for a method, Random House, New York 1963; dt.: Marxismus und Existentialismus, Rowohlt, Reinbeck 1964.

Sborowitz, A., Beziehung und Bestimmung: Die Lehren von Martin Buber und C. G. Jung in ihrem Verhältnis zueinander, in: *Psyche* 2:9-56; 1948.

Schlesinger, H. J., Resistance as a process, in: *Wachtel, P. L.* (Hrsg.), Resistance: Psychodynamic and behavioral approaches, Plenum Press, New York 1982.

Schuster, R., Empathy and mindfulness, in: *Journal of Humanistic Psychology* 19, 71-77, 1979.

Searles, H., My work with borderline patients, Jason Aronson, Northvale, N. J. 1986.

Spiegelman, M. J., Some implications of the transference, in: *Speculum Psychologiae,* Festschrift für C. A. Meier, Rascher Verlag, Zürich 1965.

Sreckovic, A., A study on the relationship between preferences in personality style and leadership self-perception in a group of West German managers, unveröffentl. Doktorarbeit, International College of Los Angeles, Los Angeles 1984.

Sreckovic, M., Self-actualization, work satisfaction and perceived leader behavior of a superior: An empirical study of a group of West German managers at the middle level of management, unveröffentl. Doktorarbeit, International College of Los Angeles, Los Angeles 1984.

Stanton, R. D., Dialogue in psychotherapy: Martin Buber, Maurice Friedman and therapists of dialogue. unveröffentl. Doktorarbeit, Union Graduate School/ West 1978.

—, Maurice Friedman and the dialogic human image in psychotherapy, in: *Journal of Humanistic Psychology* 25 (1), 1985.

Stolorow, R. D., Atwood, G., Faces in a cloud: Subjectivity in personality theory, Jason Aronson, New York 1979.

—, *Brandchaft, B., Atwood, G. E.,* Intersubjectivity in psychoanalytic treatment: With special reference zu archaic states, in: *Bulletin of the Menninger Clinic* 47, 117-128, 1983.

—, Brandchaft, B., Developmental failure and psychic conflict. *Psychoanalytic Psychology* 3, 1987, in: *Stolorow, R. D.,* Integrating self psychology and classical psychoanalysis: An experience-near approach, Paper presented at the Ninth Annual Psychology of the Self, San Diego, Cal. 1986.

—, *Lachman, F.,* Transference: the future of an illusion, in: *The Annual of Psychoanalysis* 12, 19-37, 1984.

Strean, H. S., Resolving resistances in psychotherapy, John Wiley & Sons, New York 1985.

Suzuki, S., Zen mind, beginner's mind, John Weathermill, New York 1970.

Tallon, A., Intentionality, intersubjectivity, and the between: Buber and Levinas on affectivity and the dialogical principle, in: *Thought: A review of Culture and Idea* 53 (210), 1978.

Theunissen, M., Der andere. Studien zur Sozialontologie der Gegenwart, de Gruyter Verlag, Berlin, New York 1977.

Ticho, E., Donald W. Winnicott, Martin Buber and the theory of personal relationship, in: *Psychiatry: Journal for the Study of Interpersonal Process* 37, 240-253, 1974.

Trüb, H., Vom Selbst zur Welt. Der zwiefache Auftrag des Psychotherapeuten, Speer-Verlag, Zürich 1947.

—, Heilung aus der Begegnung. Eine Auseinandersetzung mit der Psychologie C. G. Jungs, hrsg. v. *Ernst Michel* und *Arie Sborowitz,* mit einem Vorwort von *Martin Buber,* Stuttgart, Klett Verlag 1951.

—, Individuation, guilt and decision (Individuation, Schuld und Entscheidung. Über die Grenzen der Psychologie) (Selection), in: The worlds of existentialism, The University of Chicago Press, Chicago 1964 (Erstveröffentlichung 1935).

Ulman, R. B., Stolorow, R. D., The »transference-countertransference neurosis« in psychoanalysis: An intersubjective viewpoint, in: *Bulletin of the Menninger Clinic 49, 37-51, 1985.*

Van Dusen, W., The natural depth in man, in: *Rogers, C., Stevens, B.* (Hrsg.), Person to Person, Real People Press, New York 1967a; dt.: Von Mensch zu Mensch, Junfermann Verlag, Paderborn 1984.

van Heusden, A., van den Eerenbeemt, E., Balance in motion: Ivan Boszormenyi-Nagy and his vision of individual and family therapy, Brunner & Mazel, New York 1987.

von Weizsäcker, V., Doctor and patient, in: *Friedman, M. S.* (Hrsg.), The worlds of existentialism: A critical reader (S. 405-409), University of Chicago Press, Chicago 1964 (Erstveröffentl. 1949).

Welwood, J. (Hrsg.), The meeting of the ways: Explorations in East/West psychology, Schocken Books, New York 1979.

—, The unfolding of experience: Psychotherapy and beyond, in: *Journal of Humanistic Psychology* 22, 91-104, 1982.

—, (Hrsg.), Awakening the heart: East/West approaches to psychotherapy and the healing relationship, Shambhala Publications, Boulder, CO. 1983.

—, Principles of inner work: Psychological and spiritual, in: *The Journal of Transpersonal Psychology* 16, 1, 1984.

Whitmont, E., C., The symbolic quest: Basic concepts in analytical psychology, Harper & Row, New York 1969.

Wilber, K., A developmental view of consciousness, in: *The Journal of Transpersonal Psychology* 11, 1, 1979.

—, (Hrsg.), The pre/trans fallacy, in: »The Journal of Humanistic Psychology 22, 57-90, 1980.

—, (Hrsg.), The holographic paradigm, Publications Inc., Boulder 1982.

—, The developmental spectrum and psychopathology: Part I, Stages and types of pathology, in: »The Journal of Transpersonal Psychology 16, 75-118, 1984a.

—, The developmental spectrum and psychopathology, Part II, Treatment modalities, in: »The Journal of Transpersonal Psychology 6, 137-166, 1984a.

Yalom, I. D., Elkin, G., Every day gets a little closer: A twicetold therapy, Basic Books, New York 1974; dt.: Jeden Tag ein Stückchen weiter. Chronik einer Therapie: geschrieben vom Psychotherapeuten und seiner Patientin, Fischer Verlag, Frankfurt 1975.

Yalom, I. D., Existential psychotherapy, Basic Books, New York 1980; dt.: Existentielle Psychotherapie, Edition Humanistische Psychologie, Köln 1989.

Yontef, G.,

Young Rose, K. J., Confirmation therapy: A dialogical perspective on the development of the self, unveröffentl. Doktorarbeit, International College Los Angeles, Los Angeles 1984.

Zinkin, L., The collective and the personal, in: *Journal of Analytical Psychology* 24, 227-250, 1979.

Personenregister

Archambeau, E. 106
Atwood, G. 112, 117

Bennis, Warren *125*
Berger 122
Binswanger, L. 101, 103
Blatt, S. J. 150
Boszormenyi-Nagy, I. 101, *139*
Brandchaft, B. 150
Brice, C. W. *79*, 105
Buber, Martin 11, 12, 13, 15, 17, 19, 20-24, *25*, *26*, 28, 30, 34, 34-41, *42*, 44, 48, *51*, 53, 56, 57ff, 60, 63, *64*, 65ff, 81, 89ff, 91ff, 94, 95, *97*, 99f, 101, 102f, *107*, 109, 113, 117, 119, *125*, 129, 142, 143, 154, *157*
Bugental, James F. T. 45, *42*, *79*, 101, *107*, 113, *125*, 130f

Colm, H. 101

DeLeo, J. V. 101
Dilthey, Wilhelm 105
Downing, Chris *97*

Erlich, H. S. 150

Farber, Leslie 11, 86, 101

Freud, Sigmund 27, 28, 29, 33f, *42*, 82f, 84, 129f

Friedman, Maurice *25*, 43, 48, 50, *51f*, *52*, 55, 58, 63, *79*, 91, *98*, 100, *107*, 123f, 127
Fromm-Reichmann, Frieda 146

Gilligan, Carol *97*
Gillis, H. M. 106
Greenson, R. T. *79*
Guntrip, Harry 13, 104f

Heidegger, M. 85, *98*
Husserl, Edmund *125*
Hycner, R. H. *52*, 106

Jacobs, L. M. 106
Jacoby, M. 103f
Jourard, S. M. 102
Jung, C. G. *42*, 48f, 69, 82, 84, 85, 103, *157*

Kohut, H. 78, *79*
Krasner, B. R. 101

Lacan, J. 105
Laing, R. D. 60, 101

Marcel, Gabriel 127
Maslow, Abraham *42*, 103, *107*
May, Rollo 45, 60, 62, 86, 87, 90, 101f, *107*, 114f, 120, *125*, 128, 131
Merleau-Ponty, Maurice 45f, 84, 85

Sachregister

Maurice Friedman

Der Heilende Dialog in der Psychotherapie

»Ich empfehle dieses Buch all jenen, deren Anliegen die zwischenmenschliche Begegnung ist ...« Lyman C. Wynne

Maurice Friedmans besonderes Anliegen in diesem Buch ist, der Art
und Weise nachzugehen, wie Heilung durch Begegnung im psychotherapeutischen Dialog zustande kommt. Jede Form von Therapie
lebt in größerem oder geringerem Maß von der Begegnung zwischen
Therapeut / in und Klient / in, aber nur wenige Theorien haben die
Begegnung — das was sich »dazwischen« ereignet — als zentrale und
nicht als untergeordnete Quelle der Heilung begriffen. Der Autor
zeigt auf, welch weitreichenden Einfluß Martin Bubers Konzepte des
Dialogs, der Bestätigung und der Grundwörter Ich-Du und Ich-Es
auf verschiedene Psychotherapieschulen ausübten. Friedman stellt
eine Reihe bedeutender Psychotherapeuten / innen vor und setzt sie
mit den Grundannahmen ihrer Schulen in Bezug, insofern als sie sich
unmittelbar auf das Heilen durch Begegnung und Bestätigung aus-
wirken.

Zum Autor:
Maurice Friedman lehrt seit über 30 Jahren an mehreren Universitä-
ten der USA Philosophie, Religion, Psychologie und zeitgenössische
Literatur. Er ist Autor mehrerer Bücher wie: »Martin Buber - The
Life of Dialogue« (1960), »Martin Buber's Life and Work« Vol. I, II +
III (1982—84), »The Confirmation of Otherness« (1983), »Revealing
and Observing the Human« (1984) und hat mehr als 150 Aufsätze
zum Existentialismus, zur Philosophie und Psychologie geschrieben.

Irving D. Yalom

Existentielle Psychotherapie
aus dem Amerikanischen
von Reinhard Fuhr und Martina Gremmler-Fuhr

»Ich glaube, daß dieses exzellente Buch ein Klassiker für Studierende der existenziellen Psychotherapie und erst recht für alle im psychosozialen Bereich Tätige wird. Es wäre allerdings sicherlich ein Fehler, dieses Buch nur Psychiatern und Psychologen zu empfehlen, denn jede Person, die sich für Motive des menschlichen Daseins interessiert, wird in diesem Buch hilfreiche Anregungen finden. Ich fand dieses Buch derart lesenswert, daß es mir kaum möglich war, es beiseite zu legen, bevor ich es nicht beendet hatte.«

Rollo May

»Diese bemerkenswerte Abhandlung untersucht die Psychotherapie im Kontext ihrer Relevanz in bezug auf die Grundprobleme der menschlichen Existenz. Als Ergebnis umfassender klinischer Erfahrung, ausgewertet und integriert durch eine sensible und gut informierte Person, stellt dieses Buch eine beeindruckende Leistung dar.«

Jerome D. Frank

Zum Autor:

Dr. Irving D. Yalom, Professor für Psychiatrie an der Standford University in den USA, ist Autor zahlreicher Aufsätze und Bücher zu psychotherapeutischen Fragen.

Reinhard Fuhr / Martina Gremmler-Fuhr

Faszination Lernen
Transformative Lernprozesse im Grenzbereich von Pädagogik und Psychotherapie

Lernen ist eine faszinierende Lebensaufgabe, sofern diese Fähigkeit des Menschen nicht nur genutzt wird, um sich Kenntnisse und Fertigkeiten anzueignen, Probleme zu lösen und Gewohnheiten zu verändern.

In diesem Buch werden Lernprozesse, die Wandel im Organismus-Umwelt-Feld auslösen — also transformative Lernprozesse — theoretisch und empirisch untersucht. Die Gestalttherapie von Perls / Hefferline / Goodman, die transpersonale Psychologie Ken Wilbers und die Bewußtseinsbildung Paulo Freires werden ebenso wie die holistische Selbstorganisationstheorie Gregory Batesons und Erich Jantschs zur Entwicklung eines eigenständigen Konzepts transformativen Lernens herangezogen. An vielen Beispielen aus der Aus- und Weiterbildung, Beratung und Supervision wird aufgezeigt, wie kontaktvolle und sinnhafte Lernprozesse initiiert und unterstützt werden können.

Das Buch richtet sich an Pädagogen, Berater, Therapeuten, Supervisoren, Gruppentrainer, Dozenten und an alle, die an faszinierenden Lern- und Wandlungsprozessen interessiert sind.

Die Autoren:

Dr. Reinhard Fuhr
Studium in Anglistik, Geographie, Philosophie und Pädagogik. Staatsexamen für das Höhere Lehramt. Dozent in Lahore / Pakistan, Gymnasiallehrer, Didaktischer Leiter eines Gesamtschulversuchs. Seit 1975 Dozent am Pädagogischen Seminar der Universität Göttingen für den Studienschwerpunkt Beratung und für die Lehrerausbildung. Promotion in Pädagogik (Didaktik der Weiterbildung). Aus- und Weiterbildung in Gestaltpsychotherapie und Gestaltpädagogik.

Martina Gremmler-Fuhr
Studium in Biologie, Anthropologie, Germanistik und Pädagogik. Magisterdiplom in Pädagogik (Studienschwerpunkt Beratung). Mehrjährige Mitarbeit an Forschungs- und Praxisprojekten zum Thema »Bewußtseinsprozesse und Lernen« am Pädagogischen Seminar der Universität Göttingen. Weiterbildung in Personalentwicklung und Organisationsberatung.

Renaud van Quekelberghe

ANNA

Eine Lebenslaufanalyse

Anna, eine 30jährige, allein lebende Frau mit psychischen Proble-
men, wird in ihrem kreativen Sich-Einlassen auf ihre Biographie
während ihrer einjährigen Lebenslaufanalyse detailliert geschildert.

In diesem Buch stellt der Autor vielfältige Auseinandersetzungsfor-
men und Vertiefungsmöglichkeiten mit biographischen Themen
dar. Dies geschieht auf dem Hintergrund einer perspektivisch-ver-
stehenden Psychologie des Subjekts.

Zunehmend gewinnt die Lebenslaufanalyse Annas — trotz oder gerade wegen ihrer Einmaligkeit und Einzigartigkeit — an Beispiel-
charakter. Das Buch zeigt deutlich, wie es möglich ist, in einen kon-
struktiven Dialog mit seiner Lebensgeschichte zu treten und aus der
Begegnung mit sich selbst neue Lebensperspektiven zu eröffnen.

Zum Autor:

Renaud van Quekelberghe, geb. 1944, Studium der Psychologie
und Philosophie in Brüssel und Köln (Promotion 1972). Zunächst
im psychiatrischen Bereich klinisch-psychologisch tätig, dann wis-
senschaftlicher Mitarbeiter am Institut für Psychologie der TU
Berlin (Habilitation 1978). Seit 1979 Professur für Klinische Psychologie an der Erziehungswissenschaftlichen Hochschule
Rheinland-Pfalz, Abt., Landau. Zahlreiche Veröffentlichungen auf
folgenden Gebieten: Handlungstheorie, vergleichende Psychothe-
rapieforschung, kognitive Therapie und Lebenslaufanalyse.

Stephen M. Johnson

Der Narzißtische Persönlichkeitsstil
aus dem Amerikanischen von Brigitte Stein

»Mit diesem Buch wird ein wertvoller Beitrag zum aktuellen Thema des Narzißmus geleistet. Dem Autor ist es gelungen, eine exzellente Analyse der Problematik des Narzißmus auszuarbeiten, wobei er sich auf die Psychoanalyse, Ich-Psychologie, Objekt-Beziehungs-Theorien, Selbst-Psychologie und Humanistische Psychologie (Bioenergetik, Gestalttherapie) bezieht. Außerdem ist ein großer Teil dieses Buches der Anwendung der von Johnson beschriebenen Form einer aktiven, humanistisch-psychoanalytischen Psychotherapie gewidmet.«

Prof. William Latta, Ph. D.

»*Der narzißtische Persönlichkeitsstil* ist Pflichtlektüre für Psychotherapeuten aller Richtungen.« Bernhard Rosenblum, M.D., Direktor am Center for Character Analytic Studies, New York.

Zum Autor:

Stephen M. Johnson, Ph. D., ist außerordentlicher Professor und Dekan der Pacific Graduate School of Psychology in Menlo Park, Kalifornien. Er teilt seine Arbeitszeit zwischen klinischer Lehre und privater psychotherapeutischer Praxis.

James I. Kepner

Körperprozesse
Ein gestalttherapeutischer Ansatz

»Ich empfehle Jim Kepners Werk als einen bedeutenden Beitrag zur Psychotherapie und zur Gestalttherapie im Besonderen.« — Joseph C. Zinker

»James Kepner, den ich seit seiner Kindheit kenne, hat ein Buch geschrieben, welches für Studierende ein Lehrbuch und für praktizierende Psychotherapeuten ein anregendes Nachschlagewerk zu werden verspricht.« — Laura Perls

Im traditionellen Sinne betont die Psychotherapie den »psycho« Aspekt der Therapie-Gedanken, Ideen, Erinnerungen, Assoziationen, Träume ... — und vernachlässigt den »körperlich / leiblichen« Aspekt, was zwangsläufig zur cartesianischen Spaltung des Menschen zurückführt. James Kepner geht von dem holistischen Ganzheitsbild des Menschen aus und formuliert eine umfassende Darstellung der Integration sogenannter Bewußtseins-orientierter Therapien und verschiedener Körper-orientierter Ansätze, wobei ihm die Gestalttherapie als theoretische, methodische und philosophische Grundlage dient. Für alle, die ihre Arbeit hauptsächlich im Bereich der »Psyche« sehen, eröffnet dieses Buch neue Perspektiven der Einbeziehung leiblicher Existenz in den therapeutischen Bezugsrahmen; für jene, die bereits das Körperlich / Leibliche in ihrer Arbeit berücksichtigen, bietet Kepners ganzheitlicher Ansatz eine Basis sowohl für neue Erkenntnisse als auch für weitere Forschung.

Zum Autor:
Dr. James I. Kepner hat umfangreiche Ausbildung in mehreren Körper-orientierten Ansätzen genossen und seit 15 Jahren praktiziert und lehrt er Gestalttherapie. Dr. Kepner ist Mitglied des Ausbilderteams am »Gestalt Institute of Cleveland« und in privater Praxis als klinischer Psychologe und Psychotherapeut tätig.

Paul Goodman

Natur heilt
— Natura sanat non medicus —
aus dem Amerikanischen von Tilman Müller und Margit Kolmar-Müller

Nach langem Warten werden nun die wichtigsten psychologischen Schriften des Mitbegründers der Gestalttherapie deutschsprachigen Lesern zugänglich gemacht. In diesem Buch setzt sich Paul Goodman unter anderem kritisch mit Sigmund Freud und Wilhelm Reich auseinander und diskutiert Aggression, Trauer, Rassismus, Sexualität, Ethik und andere Konzepte der Psychologie. Besondere Aufmerksamkeit verdienen die Bemerkungen des Autors über seine eigene Selbstanalyse und spezifische Problematik des Schriftstellerseins.
»Seit langem bin ich überzeugt, daß der Beitrag Goodmans für die Theorie und Praxis der Psychotherapie allgemein unterschätzt wird . . . Dieser aus verschiedensten Quellen seiner Arbeit zusammengesetzte Sammelband dokumentiert die außergewöhnliche Bedeutung von Goodmans Beitrag für die Psychotherapie und insbesondere für die Gestalttherapie.«

Isadore From

Zum Autor:

Paul Goodman (1911 - 1972) hat nach seiner Promotion zum Ph. D. in Humanities an mehreren US-Universitäten gelehrt und war Mitbegründer der Gestalttherapie und des »Institute for Gestalt Therapy« von New York, dessen »Fellow« er bis zu seinem Tod blieb. Er ist Verfasser zahlreicher Publikationen auf den Gebieten der Psychologie, Soziologie, alternativen Pädagogik, Politik, Literatur u.a. Zu seinen bekanntesten Büchern zählen »Aufwachsen im Widerspruch«, »The Empire City« und »Gestalttherapie«.